ITINÉRAIRE D'UN AVOCAT HORS NORME

10 AFFAIRES CRIMINELLES INCROYABLES

Image de couverture : © AFP, 2022

Conception de la couverture et mise en page : Christophe Petit

Collection « Hugo Doc® » dirigée par Arthur de Saint Vincent
Éditeur : Franck Spengler

Département de Hugo Publishing
34-36, rue La Pérouse
75116 Paris
www.hugopublishing.fr

ISBN : 9782755670073
Dépôt légal : octobre 2023

Randall Schwerdorffer
Franck Spengler

ITINÉRAIRE D'UN AVOCAT HORS NORME

10 AFFAIRES CRIMINELLES INCROYABLES

Préface de maître Bruno Nicolle

Postface de maître Jean-Marc Florand

Hugo Doc

À ma grand-mère, Maria de Faveri

PRÉFACE DE

MAÎTRE BRUNO NICOLLE

Le titre sonne comme un compliment ! Être avocat est déjà un compliment quand on vit ce que c'est, quant au final on est ce que c'est, mais quelle plus belle reconnaissance pour celui qui se dresse auprès du désarmé contre le pouvoir, quel qu'il soit, que de se voir situé hors de la norme ! Assurément, il faut être hors de la norme, ne pas s'en satisfaire, quelle qu'elle soit, pour réussir ce que peu, comme Randall Schwerdorffer, ont réalisé sur les bancs de la défense des humains victimes, parfois, en position de faiblesse, toujours.

La robe, comme le serment, font indéniablement l'avocat ; le cursus et l'école y contribuent également. Ils sont des attributs indispensables, mais extérieurs à l'essentiel : la personnalité, la vie et sans crainte du "sacré" la foi de celui qui s'en sert pour servir cette justice universelle ancrée au cœur des hommes. Randall Schwerdorffer est volontiers discret sur ce qu'il est dans l'intimité pourtant, tout ce qu'il est transparaît dans ses réponses, dans ses récits, dans ses analyses ou ses propos : point n'est besoin de lire entre les lignes, il suffit de prendre le temps de lire.

La lumière vive de la médiatisation ne lui a pas donné naissance et si, douloureusement souvent, elle lui a appris de nouvelles dimensions de son métier, elle ne l'a fait entrer ni dans une "carrière" dont il réprouve le mot, ni dans la détermination de l'avocat qu'il est depuis son serment, depuis cette naissance. Tous ceux qui sont rassemblés ou évoqués dans ce livre le connaissions avant que Paris, puis la France le découvrent: nous savions!

Nous savions son caractère, nous savions sa personnalité, nous savions son courage, nous savions son talent, nous savions, pour certains privilégiés, ce que d'autres ne voient pas derrière l'apparence: les émotions. Nous ne l'avons pas découvert derrière la caméra et les micros, mais nous avons été fiers de voir l'un d'entre nous sorti malgré lui de l'anonymat de la province pour montrer à Paris, et au-delà, ce que c'est qu'être avocat.

Il n'est pas le seul, bien sûr, mais il montre dans ce qu'il exprime de lui et de l'avocat la succession des fraternités qui unit le premier avocat de l'histoire, inconnu, et tous ceux qui en passant par Randall Schwerdorffer iront encore longtemps prêter leur parole et tout leur être à la compassion que suscite la faiblesse des hommes et à la résistance au pouvoir qui s'abuse.

La place que Randall Schwerdorffer a choisi de donner à ses confrères dans un ouvrage que d'autres auraient réservé à leur gloire est significative du personnage. Pour solitaire qu'il soit, un avocat n'est jamais seul au milieu des siens. Il n'y a pas d'angélisme dans le propos: bien sûr, personne n'a oublié les avocats, et pas des moins connus, qui se sont répandus sur les plateaux de télévision et ailleurs pour critiquer Randall et Ornella s'exprimant pendant la garde à vue de Jonathann Daval. Néanmoins, pas un de ceux qui comptent ne lui a manqué et, au final, tout le monde sait que l'emballement médiatique a pu aspirer sans enivrer et, surtout, sans jamais trahir l'avocat ni sa mission.

Au-delà de ses confrères, Randall Schwerdorffer montre aussi que sa manière de défendre lui fait l'honneur d'être détesté, preuve de son efficacité et de sa signifiance, mais également d'être reconnu parmi ses pairs et au-delà. Plus discrets par réserve, mais pas moins talentueux sont ceux, magistrats, journalistes, greffiers et huissiers de l'audience, et bien d'autres de ceux qui l'ont vu travailler dans l'anonymat, qui lui reconnaissent sa valeur d'humain et d'avocat. Tous ne l'aiment pas mais ce n'est pas là l'important : il tient sa place au milieu du Palais et si l'on peut, avec prudence, la lui contester, on ne peut la lui retirer. Ses expériences vécues relatées dans cet ouvrage après les deux précédents, sont le partage personnel et généreux de toutes les vies et toutes les émotions qui, avec les siennes, témoignent des réalités judiciaires dans notre pays.

Ce qui surgit pour le lecteur au milieu des relations périphériques nouées par Randall Schwerdorffer, ce sont les femmes et les hommes aux côtés desquels il se tient devant le juge. À lire, on voit bien que là se situe l'essentiel, le cœur où il puise l'énergie et la détermination de défendre la cause, mais surtout l'être dont elle est indissociable, auxquels il associe à son tour les qualités de son serment d'avocat. Lisez-le, prenez ce temps sérieusement, et si la curiosité vous y pousse : allez le voir plaider et entendre ainsi l'écho et la vérité de l'homme et de l'avocat.

Les récits que parcourent cet ouvrage ne sont là ni comme exemples ni comme illustrations. Ils sont l'expression d'une réalité qui se veut être une information à destination de ceux qui veulent en savoir, non pas forcément plus, mais mieux. Le propos du livre n'est pas d'être d'accord, mais de savoir de quoi et de qui on parle quand on parle de Randall Schwerdorffer, avocat. Ce faisant, c'est bien de la justice en France, à hauteur d'hommes, dont il s'agit, pas une fois de plus ni une fois de trop mais une fois encore, pour exprimer, expliquer, rappeler le rôle et l'importance du procès et de l'avocat dans une société traversée d'autant de conflits que de besoins de paix.

Randall Schwerdorffer réaffirme dans son ouvrage qu'il n'existe pas, pour un avocat, de client, mais un ou une victime ou accusé qui vient confier une vie à sa protection ; qu'il n'existe pas de monstre mais des actes monstrueux auxquels il est humainement et réellement impossible de réduire leur auteur ; qu'on se doit de comprendre si l'on veut juger, au lieu de crier sa souffrance comme les autres devant le crime ; qu'il est impératif de prouver dans les termes de la loi et de se défier de l'intime conviction ; que le crime n'ôte son humanité ni à l'auteur ni à la victime ; que chacun des acteurs de la chaîne pénale est à sa place pour servir et pas pour se servir.

Défendre, les défendre tous, a écrit Albert Naud, il n'est aucun être humain qui doive en être privé. Dès que s'exerce la force d'accuser devant un pouvoir de juger, il faut un avocat. Randall Schwerdorffer met la morale et l'opinion là où elles doivent être : hors du procès avec ses garanties, où le droit et l'humanité sont indissociables pour sanctionner, réparer autant que possible, pacifier le trouble et la souffrance. Pour cela, il faut de grands avocats, mais aussi de grands magistrats, tant la tâche est rude et le but ambitieux.

Être avocat c'est aussi ne pas être juge. En tenant sa place, en décrivant son métier et sa manière de le pratiquer, Randall rappelle cet enseignement indispensable. Ni juge des hommes ni juge de la loi, l'avocat n'est pas un homme de pouvoir, il n'a que des moyens, ceux que la loi et l'humanité lui donnent, respectant la première autant que la seconde. Ce faisant, Randall rappelle que la connaissance juridique est une exigence, notamment en matière procédurale, mais aussi que toute la justice n'est pas dans les codes et les livres, qu'elle est également (essentiellement ou même exclusivement, diront certains) dans les qualités humaines du procureur pour poursuivre, du juge pour juger et de l'avocat pour défendre.

Évidemment, rien n'est parfait en ce monde. Randall Schwerdorffer expose des réalités douloureuses qu'il aborde régulièrement avec ses failles, ses doutes, pourquoi pas ses erreurs, ses découragements aussi, ses écœurements parfois. L'humanité est fragile comme la nature. L'avocat qu'il est dans les récits qu'il nous livre ici, seul ou accompagné d'un confrère, témoigne de la qualité essentielle qui fait l'avocat au-dessus de toutes les autres : l'humilité. Le message est clair : si je veux comprendre, il me faut apprendre sans m'arrêter à ce que je suis ou à ce que pense autrui, hormis l'intéressé, victime ou accusé, qui me saisit pour sa défense. Randall Schwerdorffer montre qu'on n'est pas avocat juste à l'audience, qu'en amont il y a une vie, la sienne, un outil précieux, du travail en plus, et une détermination à atteindre ce qui est juste, à l'arracher, s'il le faut, avec la conviction qu'il n'y a pas pire injustice que celle qui se commet dans un palais de justice.

Enfin l'audience, le lieu du débat avant celui de la rhétorique. Randall Schwerdorffer a bien des atouts enviables qui favorisent évidemment ses autres qualités qu'ils servent avec brio pour l'auditeur, et pour lui, gourmandise. Sa grande taille, sa carrure et sa voix font de lui un orateur qu'on écoute. Il a l'avantage de pouvoir servir le fond de son propos par toutes les nuances que sa sensibilité permet à sa voix : toutes les émotions, de l'indignation acérée jusqu'à l'expression des indicibles douleurs lui sont possibles dans l'analyse, comme dans la description des actes ou des sentiments, des personnes ou des situations. Les retours d'expérience de l'audience qu'il expose dans ce livre sont un enrichissement pour la connaissance et la réflexion sur la manière de transmettre la réalité d'une vie ou d'un fait que l'on accompagne jusqu'au juge sans en être l'auteur. Convaincre est alors une rencontre avant d'être un résultat, puis un bonheur. Il n'est pas acquis, il n'est pas de tous les jours, il n'est pas le seul, heureusement, mais il est de ce bois dont on nourrit ce feu pour qu'il ne s'éteigne pas.

Au commencement était le verbe, et le verbe était avec Dieu, et le verbe était Dieu, a affirmé jadis l'évangéliste. À une époque où la plaidoirie est réputée chronophage et inutile par ceux dont beaucoup se passeraient bien des avocats, Randall Schwerdorffer rappelle, par l'expérience, son rôle. Plaider ce n'est pas seulement parler, c'est d'abord se parler et s'écouter, victime comme auteur. Si l'écrit est important dans tout procès, il n'y a pas de procès sans oralité. La mise en présence, le débat sont aussi parties à la justice, sauf à considérer – certains y sont déjà – qu'une machine ou un artifice pourront tenir lieu demain de justice sans parole. Avec Randall, vous rentrez dans une salle d'audience, vous en saisissez le vivant, vous sentez l'importance de la parole de chacun et, bien sûr, de celle de l'avocat au travail. On y voit que sa parole ne remplace pas celle du justiciable qu'il assiste : elle la soutient, elle la seconde, elle la supplée en toute indépendance, de tous ses moyens, avec dévouement.

J'ignore ce qu'est le hasard. Randall affirme que sa vocation tardive est le fruit de cet arbre. Je ne sais s'il faut le croire et l'avocat qu'il est semble sérieusement démentir ce qu'il affirme sur ce point. À l'inverse, il est toujours facile de refaire le film à l'envers une fois l'histoire en cours. Une chose est sûre : son itinéraire, où il puise aujourd'hui ses convictions et inspirations, l'a assurément préparé à être ce qu'il voulait être au fond : avocat, cet avocat-là, un avocat parmi les autres, simplement et franchement, comme il se plaît à être un homme. Randall Schwerdorffer est de ceux qui, au terme de leur vie, y compris d'avocat, pourront résoudre la seule question qui vaille ; il se demandera non pas qu'ai-je compris, qu'ai-je acquis, qu'ai-je construit ou qu'ai-je transmis, mais : qu'ai-je appris ?

Bruno Nicolle

AVANT-PROPOS :

Interview de Randall Schwerdorffer par Franck Spengler

Pourquoi ce troisième livre après *Je voulais qu'elle se taise* paru aux Éditions Hugo-Doc et *Un avocat à la barre des témoins* aux Éditions du Sekoya ?

Depuis l'enfance, j'ai toujours été fasciné par les affaires criminelles. Enfant, pour autant que je m'en souvienne, j'attendais avec impatience l'émission de radio de Pierre Bellemare sur les affaires criminelles que ce dernier racontait d'une façon captivante. L'oreille collée au poste, je ne perdais pas un mot de ses récits. J'avais une petite dizaine d'années. Ce qui m'intéressait, c'était de découvrir des vies, des situations exceptionnelles. Il existait des personnes qui vivaient des histoires complètement incroyables qui étaient pourtant la réalité. Ce livre, c'est en partie ça, raconter, partager avec les lecteurs des affaires que j'ai connues, celles de personnes ordinaires qui vont se retrouver un jour devant une cour d'assises, mais aussi essayer d'en tirer des enseignements et des réflexions pour les lecteurs, mais c'est aussi l'occasion de donner la parole à d'autres confrères pénalistes qu'on entend moins que certains et qui, pourtant, ont beaucoup de choses à dire.

Pourquoi être devenu avocat et surtout avocat pénaliste ?

Je suis devenu avocat par hasard, je n'avais aucune vocation consciente. Je me suis inscrit très tardivement à la faculté de droit pour passer des diplômes dans le seul but de pouvoir postuler à des emplois intéressants et rémunérateurs, mais sans avoir d'idée précise sur mon avenir professionnel. Pour l'avocature, je suis passé un jour devant une affiche à la fac de droit de Besançon et j'ai vu un panneau où était écrit : « examen du CRFPA ». J'ai posé la question aux autres étudiants et ces derniers m'ont expliqué qu'il s'agissait d'un examen pour devenir avocat. En réalité, c'est l'examen d'entrée à l'école d'avocat, mais c'était la même chose pour ceux qui passaient le concours d'entrée, à l'époque après une année d'école, dont six mois de stage, on passait le CAPA (Certificat d'aptitude à la profession d'avocat). Je me suis simplement dit que c'était parfait pour moi, un examen dans "ma" fac, pour devenir avocat, moi qui ne sais absolument pas ce que je veux faire. J'ai signé. J'ai passé le concours une première fois et j'ai fini dans les derniers.

L'année d'après, j'ai travaillé comme un forcené avec des amis de la fac et j'ai terminé deuxième au concours d'entrée. Et voilà comment je suis rentré dans cette profession que je ne connaissais pas du tout.

Pourquoi être devenu précisément avocat pénaliste ?

Une fois de plus, cela n'a pas été un choix. J'ai commencé dans la profession en ne faisant que du droit du travail, c'était la matière qui me passionnait le plus. J'ai été collaborateur un an et demi chez le bâtonnier Bernard Vanhoutte qui avait un gros volume d'affaires en droit du travail. Le problème, c'est que j'ai très vite eu beaucoup de clients, à tel point que mon patron, le seul que j'ai eu dans ce métier, m'a demandé de réduire ma clientèle qui commençait à m'empêcher d'effectuer mon travail de collaborateur. J'étais jeune et plein d'allant et d'ambition, je lui ai dit alors : « J'ai une autre idée, je suis prêt à m'investir et à investir dans votre cabinet, on pourrait s'associer ». Il m'a juste répondu : « J'ai une autre idée, vous pouvez aussi prendre la porte ». C'est ce que j'ai fait, et je me suis installé à mon compte au bout de seulement dix-huit mois de barreau. Et d'une façon inattendue, j'ai été sollicité pour des affaires pénales. Cela m'a immédiatement plu. À l'époque, la procédure pénale me passionnait et personne n'en faisait réellement dans le barreau, c'était même assez mal perçu, beaucoup de confrères pensaient que cela agaçait les magistrats. C'est comme ça que je suis devenu, sans l'avoir cherché de quelque façon que ce soit, un avocat pénaliste. Ainsi va la vie.

Pourquoi ce titre *Itinéraire d'un avocat hors norme* ?

Je n'ai pas choisi le titre, c'est la maison d'édition qui me l'a proposé. Je n'ai pas non plus demandé pourquoi, je n'y connais rien en édition. En fait, je pense que c'est d'abord mon parcours atypique dans ce métier, et puis, je le reconnais aisément, je n'ai jamais été dans la norme, même avant d'être avocat. Mon parcours avant la faculté de droit, le mannequinat dans les années 90, l'hôtellerie, ma passion pour les arts martiaux... Je pense que c'est mon côté singulier et différent de la plupart des avocats que l'on voit habituellement qui a inspiré ce titre et certainement aussi certaines affaires que j'ai défendues, comme l'affaire Daval, ou encore l'affaire dite Mia, et bien d'autres encore.

Quelle est l'affaire qui vous tient le plus à cœur ?

Sans hésitation, c'est celle de Monsieur Frédéric Péchier, anesthésiste-réanimateur de Besançon, qui est mis en examen pour trente cas présumés d'empoisonnements de patients, dont douze mortels. Il y a pour moi, dans cette affaire, tout ce qui fait l'essence même du métier d'avocat pénaliste : défendre un homme dont on est convaincu de l'innocence face à une machine judiciaire convaincue du contraire. On est au cœur même de l'injustice et de l'erreur judiciaire. La journaliste Plana Radenovic, du *JDD,* a écrit un article récemment où elle citait une source proche du dossier qui déclarait : « Si Frédéric Péchier est innocent, c'est l'affaire du siècle. S'il est coupable, c'est l'affaire du siècle » ! Pour moi, c'est l'affaire d'une vie, je n'aime pas employer le mot "carrière". Mon objectif était clair : parvenir à faire innocenter Frédéric Péchier. L'équipe que nous avions formée autour de lui n'avait que cette seule ambition (avec Lee Takhedmidt, Julie Pechier, Ornella Spatafora). Mais que l'on ne se méprenne pas. Toutes les affaires criminelles sont importantes et traitées avec la même énergie et rigueur que l'affaire de Frédéric Péchier, mais aucune affaire traitée par notre cabinet n'avait ce degré de complexité, ne serait-ce que par le nombre d'homicides reprochés et la spécificité de la matière médicale. C'est cela aussi qui est stimulant pour une équipe de défense.

Et l'affaire Daval dans tout ça ?

L'affaire de Jonathann Daval est une affaire criminelle banale qui a bénéficié d'un traitement médiatique extraordinaire. Rien d'autre. Pour maître Ornella Spatafora et moi-même, à aucun moment nous n'avions pas imaginé que l'affaire Daval prendrait une telle ampleur médiatique. Il est vrai que nous avons manqué de sagacité. Surtout après la prise de parole de Marlène Schiappa qui, avec le plus grand mépris du principe selon lequel l'exécutif ne doit pas interférer avec le judiciaire, aurait dû nous alerter ! Il est vrai que c'est cette sortie purement médiatique qui lui a permis de s'imposer dans le paysage politique, n'hésitant pas à bafouer les institutions et le droit constitutionnel. C'est sur le plateau de l'émission « C à vous » que nous avons entendu pour la première fois, avec maître Ornella Spatafora, les déclarations inouïes de la secrétaire d'État à l'Égalité femme-homme. Nous sommes restés consternés, mais ce qui m'avait le plus choqué c'était le ton insupportable de sa voix.

Nous aurons même droit à un tweet de Jean-Marie Le Pen, le 31 janvier 2018, à la même période : « Alexia : je crois que l'assassin n'était pas seul. Il avait un petit copain ».

La réalité, c'est que l'on ne suivait pas médiatiquement notre propre affaire, je dirais même que c'était le dernier de nos soucis. On travaillait sur l'affaire de Jonathann, mais aussi sur tous les autres dossiers en cours. Je me rappelle avoir entendu Marlène Schiappa, la première fois, alors que j'étais invité de l'émission « C à vous » et que les journalistes présents m'ont fait écouter à l'antenne l'enregistrement de sa réaction pour me demander ce que j'en pensais. J'avais juste répondu : « Elle s'excite toute seule », provoquant naturellement la réprobation des journalistes sur le plateau. En réalité, j'étais autant choqué par sa voix que je trouvais insupportable que par son propos (totalement opportuniste) sur le *victim bashing* qui est dans la continuité du discours de tous ceux qui voudraient que lors d'un procès, la défense ne dise rien, sauf lorsqu'une femme tue son compagnon ! Une ministre qui commente une affaire judiciaire en cours c'est exceptionnel, et en théorie interdit par les règles et le principe strict de la séparation des pouvoirs. On aurait dû se douter que jamais l'intérêt autour de Jonathann ne cesserait tant que le procès n'aurait pas eu lieu. L'affaire Daval a été un dossier difficile à monter en défense, mais avec maître Samuel Estève et maître Ornella Spatafora nous avons réussi à échapper à la peine de perpétuité annoncée dès le départ de l'affaire par de nombreux journalistes et avocats. Nous avons effectué notre travail et aujourd'hui, avec du recul, nous n'avons pas à rougir de ce que nous avons fait et du résultat obtenu, surtout dans une telle conjoncture et avec une telle hostilité vis-à-vis de Jonathann et de nous, ses avocats.

Pourquoi avoir demandé à maître Bruno Nicolle, pénaliste de Dijon, et maître Jean-Marc Florand, de préfacer et postfacer ce troisième livre, et quels sont vos modèles ?

D'abord parce que j'ai du respect et de l'admiration pour la façon dont ils travaillent. Et puis ils sont animés de cette même passion pour les affaires criminelles, les cours d'assises. Et puis également parce que ce sont de grands professionnels qui m'inspirent et qui savent mieux que personne la difficulté de notre travail. Il m'a donc semblé évident de demander à ces deux praticiens des cours d'assises de préfacer et postfacer ce livre sur des affaires criminelles habituelles. Il va de soi que ce sont des confrères que j'admire, mais je n'ai pas de modèle, le seul avocat que je place au-dessus de tous les autres, c'est Jacques Isorni, pour sa défense extraordinaire et plus que courageuse du Maréchal Pétain, mais aussi des communistes pendant la guerre.

Je pense que c'est quand même en défendant le pire qu'un avocat se révèle le meilleur. Défendre des dossiers soutenus par l'opinion publique ne représente pour moi strictement aucun intérêt intellectuel et professionnel. Maîtres Nicole et Florand sont des avocats qui ne craignent pas d'aller au bout d'une défense pénale sans concession. Rappelez-vous l'exploit qu'a réussi Jean-Marc Florand dans l'affaire de Patrick Dills.

Vous avez plaidé cent trente-trois affaires criminelles dont vingt en partie civile, et obtenu vingt-quatre acquittements. Quel est votre constat sur les cours d'assises d'aujourd'hui ?

Je constate surtout que la morale est rentrée en force depuis quelques années dans les cours d'assises. Il y a une influence extrêmement toxique liée au mouvement MeToo. MeToo, ce n'est pas la libération de la parole de la femme, c'est l'hystérisation de la parole de la femme, et une parole qui s'arroge le droit à toutes les violences quand elle pointe du doigt un homme désigné, en dehors de tout cadre judiciaire, comme un agresseur. Aujourd'hui, très clairement, être un homme est en soi un danger face à certaines femmes qui, sans aucun état d'âme et pour des raisons diverses, peuvent de façon extrêmement facile, et sans risque, détruire un homme parce qu'il est homme.

Aujourd'hui, une femme, parce qu'elle est une femme, peut tout se permettre au niveau judiciaire, et notamment d'accuser à tort un homme de viol. Il n'y a jamais de poursuites pour dénonciation calomnieuse pour des femmes qui mentent dans leurs accusations. Quand un homme est acquitté après avoir été injustement mis en cause dans une affaire à caractère sexuel, l'accusatrice ne risque rien. Tout cela est trop facile. Dans tous les acquittements obtenus que ce soit par moi-même, maître Jérôme Pichoff, maître Samuel Estève, etc., nous n'avons jamais vu une accusatrice désavouée par une cour d'assises, poursuivie pour dénonciation calomnieuse. Jamais ! Comme si une femme qui accuse a, quelque part, toujours un peu raison, et comme si l'homme innocenté est, quelque part, quand même un peu coupable ! Coupable de quoi ? D'être un homme, diraient sans aucun doute Sandrine Rousseau et les néoféministes. C'est un peu cela aujourd'hui dans les cours d'assises. À titre d'exemple, j'ai plaidé dernièrement aux assises en défense le dossier, avec maître Chloé Bonnat (excellente pénaliste dijonnaise avec qui nous avions obtenu l'acquittement de Sylvain Schrutt), d'un homme accusé de viols sur une mineure de quinze ans. Les faits étaient contestés. À un moment du procès, je fais savoir à la partie civile que je trouve certaines de ses explications contradictoires. Son avocate s'est levée et est intervenue en interpellant le président, monsieur François Arnaud : « Monsieur le président, l'attitude de maître Schwerdorffer est inacceptable. Je rappelle que la parole de la partie civile est sacrée ! » Sacrée ! Le mot relève de la sphère religieuse mais c'est cela, aujourd'hui, la sacralisation de la parole de la femme ; une monstruosité.

Je réponds donc simplement à ma consœur de la partie civile : « Dans une cour d'assises, aucune parole n'est sacrée, ni celle de l'accusé ni celle de la partie civile. C'est la cour d'assises seule qui dira la vérité judiciaire et une fois seulement que toutes les questions et observations auront pu être faites dans l'intérêt de la manifestation de la vérité. La cour d'assises n'est pas là pour croire l'accusé, mais pas davantage pour croire la partie civile ». Le président Arnaud me laisse parler. Je l'interpelle : « Puis-je poursuivre sous votre seul contrôle l'interrogatoire de la partie civile ? ». Le président, qui est un homme très attaché au respect des principes directeurs du procès pénal précise : « Dans une cour d'assises, la parole de la défense est libre. Il n'existe rien de sacré, le but de la cour d'assises est de pouvoir juger de la façon la plus éclairée qu'il soit. Je tiens à ce que, durant mon audience, la liberté de parole des uns et des autres soit préservée dans le respect de la dignité de chacun et des débats. Poursuivez, maître ». La morale a ses limites. L'accusé, monsieur Sylvain Nicolas, sera acquitté le lendemain, après un délibéré de quatre heures.

Le travail d'avocat pénaliste est un travail de solitaire, pourtant vous faites la plupart de vos procès criminels à deux avocats, pour quelles raisons ?

Notre cabinet, c'est une équipe. Il y a dans ce livre des affaires qui ont été traitées en collaboration totale, soit gérée avec mes associés soit avec des confrères extérieurs quand ils me demandent d'apporter mon expertise sur leurs affaires. Je le fais régulièrement avec certains d'entre eux, comme Samuel Estève, Chloé Bonnat ou Philippe Screve, et plus récemment, avec un jeune avocat pénaliste talentueux comme Anthony Truchy, de Dijon. L'idée, c'est qu'en équipe, la gestion d'un procès d'assises est plus efficace que de le préparer tout seul. Par exemple, dans le procès de monsieur Sylvain Nicolas, qui s'est déroulé du 24 au 26 mai 2023 à la cour d'assises de la Haute-Saône, le contre-interrogatoire de la partie civile a été beaucoup plus efficace, et surtout acceptable pour des jurés puisque c'était une femme, notamment lorsque les questions touchent à l'intime. Et puis, l'intérêt majeur, c'est la réflexion et la stratégie du procès qui va se dessiner et se mettre en place conjointement, heure par heure, en fonction de l'évolution d'un procès. Une audience criminelle en défense, c'est toujours l'inconnu, et face aux difficultés du procès, une équipe et une association de compétences sont toujours plus efficaces qu'un avocat seul. C'est ma logique depuis des années et c'est sûrement la grande différence que j'ai avec beaucoup de confrères pénalistes, le travail d'audience en équipe, mais en réalité, mon seul souci c'est la qualité du travail effectué en cour d'assises, le reste m'importe peu.

Comment vit-on le fait de défendre un client dont on est certain de la culpabilité ?

C'est complexe et très intime. Cela m'est arrivé deux fois depuis que j'ai prêté serment d'avoir cette conviction. Mais, en réalité, notre travail est plus compliqué que celui de crier à l'innocence ou pas d'un accusé. Nous sommes avant tout des techniciens du droit, du dossier et de l'audience. Quand on plaide un acquittement, on est là pour s'assurer que les preuves, au sens large du terme, sont suffisamment solides ou pas pour parvenir à l'acquittement. Dans ce contexte-là, nous n'avons pas à faire part de notre "intime conviction". En ce qui me concerne, je me l'interdis, tout simplement. L'intime conviction appartient exclusivement aux juges et aux jurés. Chacun a sa place dans le processus judiciaire. Je reste à la mienne, celle d'avocat de la défense.

Quels conseils pourriez-vous donner à un jeune lecteur étudiant en droit qui aimerait devenir un jour avocat pénaliste ?

Il n'y a aucun conseil à donner pour devenir avocat pénaliste. Il faut avant tout, et avant même de devenir avocat, aimer le droit, aimer la matière et être curieux de tout pour être déjà avocat. Toujours douter de tout et tout remettre en cause. C'est le fondement même de notre travail : savoir voir ce que les autres ne voient pas. Un petit conseil seulement (j'aime assez peu les donneurs de conseils, et surtout de leçons, ce sont souvent les plus tartuffes, les plus prolixes en ces matières) : prenez le temps de faire autre chose que la faculté de droit et l'école d'avocat. Voyagez, vivez des expériences professionnelles diverses afin d'enrichir l'avocat que vous serez plus tard. Tout ne s'apprend pas dans le Code pénal et le Code de procédure pénale. Car une fois que l'on est enfin avocat, le temps pour vivre libre de multiples expériences manque.

Vous êtes peu présent sur les réseaux sociaux, là où certains de vos confrères n'hésitent pas à s'investir, pourquoi ?

Je pense que je suis un homme de mon temps, c'est-à-dire que, pour l'essentiel, je me suis construit dans les années 80 et 90, donc d'un autre temps. À l'époque, lorsqu'on avait un journal intime, on le gardait pour soi. Aujourd'hui, le journal intime ce sont les réseaux sociaux et je n'aime pas ça. Je n'ai que Facebook, que je fréquente d'ailleurs très peu, je ne parle jamais de ma vie privée ou de mes activités en dehors de mon métier. En réalité, je suis très solitaire et j'apprécie avant tout ma solitude, loin de tout et de tous, c'est mon luxe, je pense.

Vous voyez, je n'ai même pas de boîte mail personnelle et je n'en veux pas. Je ne crois pas que toute cette évolution rime avec le mot bonheur. Concernant mon absence sur les réseaux sociaux en tant qu'avocat, c'est en l'état aussi un choix très personnel, mais je laisse naturellement aux jeunes avocats du cabinet la faculté de faire évoluer notre communication. Pour moi, en tout cas, je souhaite rester le plus proche possible de ce qu'était ma vie avant les réseaux sociaux, avant Internet, avant le smartphone et l'ère du tout numérique. On se levait le matin, on se parlait au petit-déjeuner. On allait travailler, on était concentré uniquement sur son activité et son environnement. Aujourd'hui, les gens sont toujours éparpillés avec leur smartphone. D'ailleurs, quand je ne travaille pas, je ne prends jamais mon portable. Pour quoi faire ? Dans les années 90, juste avant cette révolution, on sortait, la liberté était totale, personne pour vous filmer ou vous enregistrer, personne pour connaître vos goûts au travers de vos dépenses, de vos recherches, de vos choix. On a, de fait, perdu cette liberté aujourd'hui et je le regrette profondément. Certains me qualifieront de nostalgique. Je réponds oui, très nostalgique et j'assume.

Comment protéger sa vie privée quand on est avocat pénaliste ?

Me concernant, c'est assez simple, je ne suis pas mondain donc j'accepte très peu d'invitations. Je ne m'exprime quasiment que sur la sphère de mon métier d'avocat. Je garde désormais mes idées politiques pour moi et je vis dans la forêt à l'abri des regards. Mon cercle d'amis est très restreint, d'ailleurs il l'a toujours été et je n'ai besoin de personne pour me sentir bien. Malgré mon mode de vie assez en retrait, je n'échappe malheureusement pas aux rumeurs, mais je dois bien dire que j'y prête assez peu d'attention et qu'elles ont peu d'effets sur moi. Il faut bien que certains disent du mal de moi et si cela peut leur faire du bien, tant mieux… Voyez-vous, quand je vais participer à une émission à Paris, je ne reste jamais pour les after… Je retourne dans ma forêt, ma personnalité n'est pas compatible avec la vie de la capitale et l'exposition que cela implique.

Avez-vous des personnes qui vous ont aidé dans votre profession ?

En réalité, très peu. Il y a plus de confrères qui ont essayé de me nuire que de confrères qui ont été bienveillants, et notamment quand j'ai débuté. C'est ainsi, et je dois bien vous dire que cela ne me touche pas, car dès que l'on veut s'imposer dans le métier d'avocat, les difficultés commencent, et on ne m'a pas épargné, mais je m'en suis plutôt bien sorti. Des confrères qui m'ont aidé ? Oui, il y en a eu quelques-uns, dont notamment Jean-Marc Florand, qui m'a témoigné plus que de la bienveillance dans les moments difficiles et que je remercie. Pour les autres, ils se comptent sur les doigts d'une main.

Avez-vous de l'empathie pour vos clients ?

Je n'aime pas le mot client, je ne considère pas que j'ai des clients, mais presque des patients dont il faut essayer de régler le problème, un peu comme un médecin. Parfois, certains n'ont qu'un rhume, d'autres une grippe et d'autres un cancer en phase terminale. L'empathie, oui, pour certains, pas tous. Pour Jonathann Daval, j'en ai eu et j'en ai toujours, comme mon associée maître Ornella Spatafora. Pour le docteur Frédéric Péchier, que j'estime victime de la pire des injustices, oui, naturellement, mais aussi pour d'autres. Yvon Octeau m'avait beaucoup touché, Michel F., Florian F. et beaucoup d'autres sont désormais une partie de ma vie.

Le procès terminé, restez-vous en contact avec vos clients condamnés ?

Oui, très souvent. On est avec eux jusqu'au bout du processus pénal. Ceux qui ont définitivement fini leur affaire parfois, mais la plupart préfèrent oublier cette partie de leur vie. Vous savez, je considère que lorsque l'on est pris dans une affaire criminelle, surtout lorsque l'on est innocent, c'est un peu comme vivre avec un cancer. Alors, le jour où l'on est guéri, on retourne rarement voir son cancérologue. Il y a, je pense, des périodes qu'on préfère oublier et je le comprends parfaitement.

Une question que l'on doit vous poser souvent, comment peut-on défendre des criminels, des monstres ?

Ce qui est intéressant, c'est le rapport que les gens ont face au crime. Les mots sont toujours les mêmes : "atroce", "odieux", "monstrueux". Le monstre, c'est celui qu'on ostracise, qu'on désigne du doigt pour le distinguer du groupe, l'exclure de la communauté. Quand on regarde l'histoire de l'humanité (le livre *Sapiens* de Noah Harari est de ce point de vue passionnant), on se rend compte combien l'être humain est monstrueux. Il l'a toujours été et il l'est toujours. L'Histoire est pavée de massacres, tous commis au fil du temps et, encore de nos jours, pour des raisons politiques, religieuses, d'ego, d'argent, de pétrole etc. La Shoah ne s'est pas réalisée seule, elle a été mise en œuvre par des milliers d'hommes et de femmes, et pas uniquement des Allemands. Le frère jumeau de Hitler, le camarade Staline, n'a pas exterminé lui-même des millions de femmes, enfants et hommes dans ses goulags. On l'a bien aidé à faire cela et tous ceux qui ont participé n'étaient pas des monstres, or ce qu'ils ont fait, tout comme dans les camps de concentration, était monstrueux. C'était hier. On pourrait aussi parler de l'utilisation de la bombe atomique par les Américains qui n'a eu pour unique cible que des civils innocents pour très clairement faire s'agenouiller et capituler le Japon. Il n'y a que l'espèce humaine pour faire le pire, mais aussi le meilleur. On pourrait aussi parler du traitement des animaux que l'on consomme, comme s'il n'appartenait pas au vivant, dans des quantités colossales et parallèlement, on choie les chats et les chiens. Je crois qu'on a tous en nous ce côté sombre du mal et que c'est un effort permanent, pas forcément conscient, que de rester du côté lumineux de l'être humain. Truman n'était pas un monstre, sa décision de lâcher la première bombe atomique sur Hiroshima, puis la seconde sur Nagasaki, est-elle une décision monstrueuse ?

Little boy et *Fat Man* ont occasionné *a minima* plus de 100 000 morts civils ! Le Japon capitulera après la seconde, la paix valait-elle deux massacres d'innocents ? c'est le monstrueux message de ces bombardements. Truman aurait mérité d'être jugé pour crime de guerre, mais les vainqueurs ne jugent pas les vainqueurs. Ce qui est monstrueux, c'est l'humain, mais à l'inverse, l'humain peut aussi être merveilleux.

Je considère donc comme normalement humain l'existence du crime, du monstrueux, mais aussi du sublime et cela touche les hommes comme les femmes. Je crois fondamentalement que pour que le bien existe, il faut que le mal existe. C'est un peu la symbolique de Dieu et du diable, l'un ne va pas sans l'autre. C'est ainsi, donc je continuerai à défendre des hommes ou des femmes qui ont commis le pire, sans les traiter de monstre. C'est mon métier.

On ne parle jamais de l'aspect financier. Par exemple, combien coûte une défense dans un procès d'assises ? Quels sont les honoraires d'un avocat commis d'office ? Quelles sont les indemnités versées aux victimes ?

L'argent est omniprésent dans la justice. À tous les niveaux, que ce soit pour les enquêtes et les enquêteurs, pour les parquets ou les juges d'instruction, y compris, bien évidemment, pour les cours d'assises avec des budgets. On pourrait penser naïvement que lorsqu'il s'agit d'interpeller un meurtrier ou lorsqu'il s'agit d'appliquer la loi, seul compte l'intérêt de la société mais ce n'est pas la réalité. Tous les agents qui concourent à l'œuvre de justice le font aussi dans un cadre économique. Les enjeux du procès pénal et du procès d'assises ne sont pas exempts de cette question.

Un procès d'assises à un coût et même si parfois les citoyens qui y participent appréhendent l'avocat de la défense avec une certaine suspicion (après tout il est payé par l'accusé), il ne faut pas oublier que personne n'intervient gratuitement dans une cour d'assises. Le président est payé, L'avocat général qui assure l'accusation aussi, les jurés sont pris en charge au travers d'une indemnité et les avocats des parties civiles ne sont pas là non plus que pour la beauté du geste, ils sont eux aussi rémunérés.

Je ne dresserais pas ici le tableau financier du coût d'un procès d'assises je ne parlerais que de ce qui concerne les avocats. En France le coût de l'intervention d'un avocat est libre. C'est lui qui décide du prix de sa prestation. Lorsqu'un citoyen est confronté à un procès d'assises il n'a aucune idée du coût que cela va générer pour lui, qu'il soit accusé ou partie civile.

Il n'y a pas de barèmes, malheureusement, il n'y a pas un coût de base fixé à l'avance qui d'abord permettrait à tous les avocats d'appliquer un tarif qui serait le même pour tous et, pour ceux qui le souhaitent, permettrait aussi (puisqu'il s'agirait d'un tarif minimum) d'appliquer le tarif qu'ils souhaitent en fonction de leur expertise, de leur notoriété et du service qu'ils mettent en place pour les parties au procès, que ce soit pour les victimes ou les auteurs.

Ce système est assez symptomatique de l'état d'esprit général, l'argent est une sorte de tabou judiciaire. Les indemnisations, les honoraires, tout cela se fait à l'abri du public, c'est tellement vrai que les jurés ne participent pas à l'audience sur les intérêts civils, l'audience qui intervient juste après la condamnation de l'accusé et qui va permettre de débattre et de fixer le montant de l'indemnisation réclamée par les victimes.

Le coût d'un avocat que ce soit en défense ou en partie civile se décide conjointement avec l'accusé ou la partie civile. Concernant les accusés, à titre d'exemple, il y a un coût de base entre 2 000 € HT et 2 500 HT par jour de procès d'assises, hors frais de déplacement. Ce coût peut varier à la hausse en fonction de l'importance du dossier et du travail à fournir, ce qui fait là aussi l'objet d'une discussion. Il est essentiel de préciser que ce coût facturé représente aussi le temps de préparation de l'affaire et le coût de gestion du dossier par le cabinet, le secrétariat, les juristes, les avocats collaborateurs…

Il est vrai que pour l'aide juridictionnelle c'est l'état qui assume les frais du procès, pour les cabinets tels que le nôtre qui n'interviennent quasiment jamais à l'aide juridictionnelle le coût du procès est assumé par les particuliers eux-mêmes. Au titre de l'aide juridictionnelle la première journée de procès est rétribuée à hauteur de 1 800 € puis pour les jours qui suivent, 396 € qui englobent tous les frais de l'avocat. Autant dire que c'est très insuffisant pour un cabinet structuré d'assumer une journée complète de procès pour 396 €. Sachant qu'on parle de sommes brutes. L'avocat, comme n'importe quel agent économique, assume toutes les charges que n'importe quelle autre entreprise assume (URSSAF etc. ..). Il y a aussi des enjeux financiers pour les parties civiles, mais de cause à effet aussi pour les accusés. La règle n'est pas différente pour les avocats de partie civile et il est assez amusant de voir parfois reprocher à !'avocat de la défense d'être rémunéré par l'accusé et donc de perdre en objectivité alors que tout le monde est payé dans un procès, tous les avocats, les magistrats etc…

Avez-vous encore des ambitions ?

Je n'ai qu'une seule ambition, c'est réussir le développement du cabinet que nous avons créé en 2008 avec maître Weiermann, puis développé en 2016 avec maîtres Pichoff, de Magalhaes et Spatafora, et que nous achèverons, je pense, en 2023.

Concernant ce livre, j'espère que je vais pouvoir aller à des séances de dédicaces sans qu'elles soient systématiquement annulées à cause de certaines féministes hystériques qui, dans le plus total mépris de ma liberté d'expression, se permettent notamment de vandaliser les librairies où je dédicace. Cela a été le cas à Besançon, à la librairie « À la page », pour la sortie de mon deuxième livre, chez monsieur Hamid Kaighobadi, avec le journaliste Pierre Laurent, où quatre énergumènes masquées sont venues crier leurs inepties dans la librairie, non sans avoir renversé des étagères de livres. Il faut dire que des affiches mentionnaient sur les murs de la librairie : « SCHWERDORFFER ASSASSIN ». Il ne me semble pas pourtant avoir tué qui que ce soit. Le plus triste, dans l'action de ces pseudos-féministes agissant masquées, c'est qu'elles n'ont aucune idée de ce qu'est la liberté d'expression, à la différence d'Hamid (il était déjà mon libraire quand j'étais étudiant) venu d'Iran en France il y a trente-sept ans. Ces femmes ont simplement eu le courage des lâches, dissimulées derrière des masques et véhiculant un féminisme extrémiste et ridicule, celui de Sandrine Rousseau et d'Alice Coffin. D'ailleurs, en parlant de Sandrine Rousseau qui, je dois l'avouer, me fait beaucoup rire : qu'aurait-on pensé d'un responsable politique masculin, pour répondre au pendant du barbecue et de l'entrecôte (symbole de virilité selon elle), qui aurait affirmé que passer la serpillière faisait frémir de bonheur les femmes ! À part en rire… pas grand-chose.

Chapitre 1

Le crime possessionnel L'affaire Aurélia Varlet : Une mort qui aurait pu être évitée, dix ans déjà.

N'en déplaise aux esprits tyranniques comme les écoféministes, le crime passionnel existe non seulement toujours, mais se plaide comme tel encore dans toutes les cours d'assises de France et sûrement d'ailleurs. Il est vrai que le terme passionnel a été banni des plateaux de télévision et que certains journalistes n'osent plus utiliser cette expression, cela n'empêche pas que certains meurtres trouvent leur mobile exclusivement dans la passion. Peut-être faut-il de nouveau définir ce terme de «passion», sachant qu'en aucun cas, plaider le crime passionnel ne revient à légitimer l'acte criminel que ce soit pour un homme ou une femme qui en serait l'auteur. La définition du dictionnaire *Le Robert* est claire : « État affectif et intellectuel assez puissant pour dominer la vie mentale ». Le crime passionnel est donc bien le passage à l'acte criminel d'un homme ou d'une femme dont l'état affectif échappe à la raison habituelle qu'il peut avoir en temps normal. Non, ce n'est pas un crime d'amour, et même si certains journalistes, comme Anaïs Coignac, estiment que cette notion n'existe pas ou plus au travers d'un article aléatoire et partial paru dans la revue *Dalloz Actualité* : « Le crime passionnel au XXIe siècle existe-t-il encore ? » Eh bien, pour moi, la réponse est oui, même si l'article terriblement orienté dont je fais état culpabilise naturellement celui ou celle qui oserait, encore, penser, ou pire, dire le contraire comme je l'affirme ici.

À l'opposé des crimes passionnels, il y a le crime possessionnel. Et, me semble-t-il, comme à certains autres pénalistes, que le crime possessionnel relève non seulement d'un certain type de personnalité particulièrement égocentrée, avec un narcissisme exacerbé, mais procède aussi d'une logique criminelle inscrite dans la durée.

J'ai choisi deux affaires qui sont symptomatiques de ces crimes que l'on appelle désormais "féminicide", terme ridicule imposé par certaines associations féministes, qui s'imaginent que ce type de crime ne relève que du fait des hommes, alors que les femmes elles-mêmes en commettent également). Le terme juste pour désigner un homme qui tue sa femme est "uxoricide", mais bon, quand on invente un concept, on peut inventer le mot qui va avec.

Le 15 août 2013, les gendarmes de Pontarlier se sont rendus vers 11h30 dans un pavillon situé à La Rivière Drugeon (Doubs) suite à la découverte « de corps sans vie » selon le procès-verbal d'intervention.

Sur place, la famille de l'une des personnes décédées était présente. Il s'agissait de Didier Grosjean. Les secours étaient là et n'ont pu que constater le décès de l'homme et de la femme étendus au sol dans la salle à manger. Les gendarmes ont commencé leurs constatations en présence des techniciens en investigation criminelle. Double meurtre, assassinat, suicide? Tout était possible en l'état. Après quelques heures de constatations, le scénario macabre s'est révélé aux enquêteurs. Vers 19 heures, la veille, des détonations ont été entendues par un témoin, lequel a été très précis : « Deux détonations très rapprochées, puis une troisième » ! Le témoin était un ami de Didier Grosjean et, la veille des faits, ce dernier lui aurait dit : « S'il m'arrive quelque chose, tu prends soin de mes enfants, et surtout de Lilice ». Le téléphone portable de Didier Grosjean a révélé qu'il avait été quitté par Aurélia un mois auparavant et qu'il lui envoyait des centaines de messages, toujours sur le même registre : « Je t'aime, ne me quitte pas, je t'aime ! »

Un an plus tôt, Aurélia, alors âgée de trente-deux ans, avait fait la rencontre, par hasard, de Didier Grosjean. Par hasard ? Pas tant que cela, d'ailleurs, puisqu'elle confiera à son père qu'elle ne cessait de le croiser partout où elle avait l'habitude d'aller. Une relation sentimentale s'est nouée et Aurélia s'est installée chez Didier. Mais la relation est devenue assez rapidement compliquée. Aurélia était très proche de son père, Patrick, et de son frère Giovanni. Didier Grosjean n'aimait pas ça, il était même jaloux de cette relation. Il a de plus en plus isolé Aurélia, une jeune femme pourtant sociable, elle qui avait quitté son emploi pour être plus présente aux côtés de Didier. Aurélia s'est lassée de cet amour exclusif, elle avait besoin de respirer et se sentait complètement étouffée dans cette relation toxique. La rupture est intervenue en juillet, Aurélia s'est rapprochée de son père, elle est partie en vacances avec lui. Didier Grosjean a continué de l'inonder quotidiennement de messages. Aurélia a, quant à elle, pris sa décision : son histoire avec Didier était terminée, pour le plus grand soulagement de son père. Le 14 août, Aurélia s'est rendue chez Didier, manifestement pour clarifier définitivement leur rupture et tenter de mettre un terme au harcèlement permanent dont elle était victime. On est la veille de l'anniversaire de Didier Grosjean. Patrick Varlet est inquiet pour sa fille, il n'aime pas le personnage, d'autant que le 30 juillet, Didier avait sorti un fusil et menacé de mettre fin à ses jours lorsqu'Aurélia était venue chercher ses affaires à son domicile. Aurélia voulait y aller seule. Malheureusement, elle ne savait pas qu'une jeune femme, qu'on a surnommée Agathe dans les médias pour préserver son anonymat avait vécu l'enfer durant huit années passées avec Didier et avait connu une rupture d'une violence inouïe à l'occasion de laquelle elle aurait pu, elle aussi, être tuée. Scènes de violences multiples, menaces, harcèlement permanent ont été pendant près de huit années son lot quotidien.

Le scénario criminel de ce crime possessionnel a été le suivant : Didier a attendu Aurélia chez lui. Il a disposé sur une table une robe d'Aurélia, comme si elle était allongée. Sur celle de la salle à manger, il y avait des photos d'Aurelia, toutes disposées de façon très ordonnée, ainsi que celles du couple. La salle à manger ressemblait alors à une sorte de mausolée. Aurélia est entrée et est allée avec Didier dans la cuisine, sûrement pour prendre un café. Elle n'avait pas de cadeau pour lui alors que le lendemain c'était son anniversaire. Il a immédiatement compris que c'était définitivement terminé entre eux.

Aurélia lui a confirmé que la rupture était définitive et qu'elle ne reviendrait pas. Elle a voulu quitter la maison, mais il était déjà trop tard. Elle s'est précipitée vers la sortie. Au niveau de l'entrée, on a constaté les premières traces de violence, des cheveux, des ongles incrustés dans le sol. Elle n'avait aucune chance de sortir vivante de la maison de Didier Grosjean. Pour lui, sa décision était prise, il ne voyait que deux alternatives : soit elle reste, alors elle vivra ; soit elle part, alors elle mourra.

Aurélia a été tuée dans la salle à manger de deux balles dans le dos tirées avec un fusil de chasse. L'une dans les reins et une balle d'achèvement dans le cou. Didier Grosjean s'est ensuite suicidé en se tirant une balle dans la tête (la troisième détonation entendue après les deux premières rapprochées dont parlait le témoin). Aurélia a été assassinée, exécutée, le 14 aout 2013.

Pourquoi, dans ces conditions, ne parle-t-on pas de crime passionnel? Parce que le ressort du mobile, c'est la possession de l'autre et, dans cette dynamique, la mort de l'autre, Aurélia, est vécue comme la seule issue libératoire. Si Aurélia meurt, elle n'appartiendra à personne d'autre et il n'y aura donc plus de souffrance. Didier Grosjean a mis en application cette logique possessionnelle jusqu'au bout en achevant son œuvre avec son suicide. Ils sont partis ensemble dans la mort. Pour le meurtrier, il n'y avait aucune issue en dehors de cette fin funeste à partir du moment où Aurélia voulait être libre.

Didier Grosjean mort, il n'y aura pas de procès pour les proches d'Aurélia Varlet. C'est encore une souffrance supplémentaire pour les victimes, comme s'il ne s'était au fond des choses rien passé.

L'affaire s'arrête là, ou presque. La famille d'Aurélia prend rendez-vous à mon cabinet et, en même temps, un journaliste de *L'Est Républicain*, Frédéric Jimenez, me contacte une semaine après le drame. C'est un homme sérieux qui ne lance pas une information à la légère et là, effectivement, une source l'informe que ce qui s'est passé n'a rien de très étonnant. On lui parle d'Agathe, l'ex-compagne de Didier Grosjean. Les informations qu'il détient sont fracassantes. Grâce à ces révélations, je récupère l'ensemble des procédures d'Agathe, classées sans suite auprès du procureur de la République, monsieur Alain Saffar, qui me transmet immédiatement tous les dossiers où Didier Grosjean avait fait l'objet de cinq plaintes pénales de la part de son ex-compagne, et pas des moindres : menaces de mort, violences avec arme par destination lors d'une course-poursuite où Agathe avait bien failli perdre la vie et surtout, un enlèvement sous la menace d'une arme en janvier 2011: «M.X. a demandé à Mlle Y. de le suivre hors des locaux universitaires. Elle a obtempéré du fait que, selon le témoignage d'une autre étudiante de la même formation, Mlle Z, Mr X la tenait fermement par le bras. Les étudiants présents estiment qu'il était susceptible de tenir une arme dans son autre main cachée sous son manteau. » (Extrait d'un courrier édifiant adressé au procureur de la République de Besançon par le président de l'Université de Franche-Comté). Pourquoi ce courrier ? Parce que malgré les nombreuses plaintes, malgré une situation alarmante, Didier Grosjean ne sera jamais placé en garde à vue et jamais renvoyé devant un tribunal correctionnel. En désespoir de cause, Agathe écrit au procureur de la République en précisant que Didier détient des armes illégalement, qu'il prend des produits illicites (notamment pour la musculation et ses performances sexuelles), qu'il est psychiquement dangereux et qu'il a menacé de la tuer et de se suicider par la suite…

Ce que décrit Agathe, c'est exactement ce que fera Didier avec Aurélia Varlet trois ans plus tard.

Le procureur de la République, Alain Saffar, avait pourtant, une fois la lettre d'Agathe lue, réagi rapidement. Il avait demandé notamment de faire procéder à une perquisition chez Didier (en raison des informations sur les armes et les produits illégaux), de procéder à son audition, mais les gendarmes ne feront rien. Pourquoi ? Agathe aurait retiré ses plaintes.

Voilà l'information donnée à un substitut par un gendarme alors qu'en réalité elle ne retirait que sa dernière plainte pour des faits de menaces de mort, (mais) pas les autres plaintes. Pourtant, le procureur de la République avait mentionné dans ses réquisitions à l'attention des gendarmes : « Merci de me tenir personnellement informé de l'issue de ces investigations ».

Le substitut a classé sans suite. Le procureur de la République, Alain Saffar, n'a jamais été informé par ses enquêteurs, comme il l'avait pourtant demandé, par écrit. Didier Grosjean ne sera jamais inquiété pour tout ce qu'il a fait subir à Agathe. Jamais.

Les agissements de Didier Grosjean se sont arrêtés d'eux-mêmes, non pas parce que Didier a pris conscience de son comportement, mais tout simplement parce qu'il venait de rencontrer une très jolie jeune femme, pleine de joie de vivre, et dont il était tombé amoureux : Aurélia Varlet. C'est Aurélia qui a sauvé Agathe d'une mort promise par Didier, mais en même temps, c'est à elle qu'il fera ce qu'il avait promis à Agathe : la tuer et se donne la mort ensuite.

L'inaction des services de police, voire la complaisance de certains policiers, la passivité de la gendarmerie, le traitement trop léger de l'affaire par un substitut du procureur de la République, bref tous les ingrédients étaient réunis pour conforter Didier Grosjean dans ses déviances, sans que jamais l'autorité n'intervienne. Agathe a très bien décrit cette toute-puissance, ce sentiment qu'avait Didier de se sentir protégé par ses amis, de savoir qu'il pouvait tout faire sans jamais avoir à rendre des comptes, voire même jusqu'à tuer.

À ce moment du récit, il faut préciser un point. Lorsqu'Agathe a été enlevée en plein partiel à l'université, Didier l'a emmenée dans un bois à proximité de Besançon pour "parler". La police a été prévenue de l'enlèvement de la jeune fille et un commissaire de police a tenté d'appeler Agathe sur son portable. Elle a répondu, elle a passé Didier au commissaire qui a voulu savoir ce qui se passait. Rien, selon Didier, tout allait bien. Il a raccroché et quelques minutes plus tard, alors que la police de Besançon s'est décidée à intervenir, un policier de Pontarlier, ami de Didier Grosjean, appelle le commissaire de police qui venait de parler à Didier. Il l'a rassuré, tout allait bien, qu'il s'agissait d'un simple différend de couple. Didier Grosjean est un ami et il s'est engagé à gérer la situation au mieux. Dont acte ! Ce jour-là, et malgré des faits graves, Didier Grosjean ne sera pas inquiété. Sans commentaire.

In fine, après une requête introduite auprès du ministre de la Justice pour pointer toutes ces défaillances qui ont conforté Didier Grosjean dans sa toute-puissance criminelle, une défaillance grave de l'institution sera reconnue par le ministère de la Justice où nous serons reçus avec Patrick et Giovanni Varlet. Une indemnisation à titre exceptionnel leur sera même accordée en raison de ces dysfonctionnements, le lien entre les plaintes d'Agathe, connues de la justice, et la mort d'Aurélia, ayant de toute évidence un lien direct et certain entre elles.

Je terminerai cette affaire en précisant que l'erreur des féministes est de croire que c'est leur combat de lutter contre ce qu'elles appellent injustement des féminicides. C'est un combat qui va bien au-delà des meurtres commis sur des femmes. C'est celui des violences et des meurtres commis par des hommes, des femmes, des lesbiennes, des gays, des transgenres, sur leur conjoint. C'est le combat de tous les citoyens et il ne leur appartient pas, il appartient à tous. C'est un combat qui doit commencer avant tout par l'éducation des plus jeunes, voire par la rééducation des parents défaillants parfois eux-mêmes violents. Lorsqu'un homme ou une femme est condamné pour des violences conjugales, en l'état il n'y a aucun travail sur les enfants du couple qui pourtant ont été confrontés, directement ou indirectement, à la violence. Le sujet est complexe et ne se résume pas du tout aux combats des écoféministes. Il est d'ailleurs assez amusant de voir que monsieur Adrien Quatennenens est toujours député, qu'il vote toujours les lois pour les autres (même si lui s'en est émancipé concernant les violences conjugales) et que cela ne pose strictement aucun problème. Il y a visiblement, chez ces gens-là, les mots, les grandes idées, et la pratique qui, elle, ne rejoint ni les uns ni les autres. Il me semble qu'à partir du moment où le politique n'est pas exemplaire, il est difficile d'exiger du citoyen ordinaire de l'être. Ça commence par là.

Interview de Frédéric Jimenez, journaliste à *L'Est Républicain*

Qui êtes-vous Fréderic Jimenez ?

Je suis reporter régional à *L'Est Républicain*, en Franche-Comté, après un long passage dans les Vosges, avec un cumul de vingt-cinq années à traiter des faits divers. Journaliste est ma seconde vie après un début de carrière comme tireur Noir et Blanc et photographe de studio pour la publicité.

Comment vous êtes-vous intéressé à l'affaire de la famille Varlet ?

L'affaire Varlet arrive de façon assez étonnante. C'est au départ un dossier clos puisque le meurtrier a eu l'idée, hélas tardive, de se faire sauter la cervelle et cela a éteint du coup toute action de la justice une fois les faits établis. Mon collègue et ami, Didier Fohr, chef de l'agence de Pontarlier, couvre l'affaire. Mais, très vite, il a écho du passif de Didier Grosjean avec ses précédentes compagnes. Nous estimons qu'il y a un loup à débusquer. En raison de mes relations privilégiées avec le parquet et les services d'enquête de Besançon, en tant que fait-diversier officiel, je reprends la main.

Comment avez-vous pu obtenir des informations concernant l'ex-compagne de Didier Grosjean ?

J'ai un immense respect pour les femmes et les hommes qui se dévouent pour que la justice vive dans ce pays. Policiers, gendarmes, procureurs, juges, avocats, oui, eux aussi, mènent au quotidien un inlassable combat. Et, comme dans tous les domaines, on rencontre parmi eux des âmes admirables, pétries d'une humanité et d'un engagement exceptionnels mais aussi leur exact opposé. Je n'ai pas eu à insister pour que les errements de la justice vis-à-vis de la précédente compagne de Grosjean me soient révélés avec autant de honte que de franchise.

Connaissant l'ensemble des protagonistes, je suis horrifié sans être étonné non plus. Je décortique le processus. Je vois les lâchetés de l'un qui classe plutôt que poursuivre, la duplicité d'un enquêteur pour, profitant de la surcharge de travail d'un parquetier, contourner les ordres précis donnés par le procureur de la République en personne et ainsi épargner Grosjean. J'éprouve du dégoût pour ce policier, responsable syndical, qui me dira texto : « Bien sûr, il était un peu lourd, Grosjean, mais elle avait sa voiture, Agathe ! » C'était surtout ton pote, gros !

Agathe, qui a fui ne pouvant être entendue, et terrassée par le meurtre d'Aurélia, se terre. Je n'aurai de cesse de la retrouver pour qu'elle témoigne. J'ai trop couvert d'affaires de violence et de meurtres de femmes victimes du mépris des hommes qui les considèrent comme leur bien exclusif. Nous nous rendons dans son village du Haut-Doubs, à la ferme de ses parents, avec Didier où nous rencontrons son frère et plaidons notre cause.

Agathe, qui vient de replonger brutalement dans un passé d'humiliation et de violence. Agathe qui se sent responsable de la mort d'Aurélia, estimant qu'elle aurait dû être à sa place. Agathe, qui est au 36e dessous, va trouver le courage de venir parler. J'en ai encore la chair de poule, son témoignage est bouleversant. Pour elle, pour Aurélia, pour ma fille qui n'a pas souffert et je l'espère ne vivra jamais ce qu'elles ont enduré d'un soi-disant homme, cette affaire sera celle de ma vie.

Comment avez-vous pu aider la famille Varlet suite à la mort d'Aurélia, et pourquoi l'avoir fait ?

Quand j'arrive à joindre Patrick Varlet, je sens bien qu'il est totalement détruit par le meurtre de sa fille, dans l'impossibilité de s'exprimer de façon cohérente. Giovanni Varlet n'est pas beaucoup mieux. C'est par Ingrid, qui a pris contact avec eux, que je vais leur conseiller de s'entretenir avec Randall Schwerdorffer. Je l'avais vu débuter, prendre de l'ampleur, et j'étais alors certain qu'il possèdait le cœur et les tripes pour empoigner ce dossier. Ensemble, nous n'avons jamais lâché l'affaire.

Que pensez-vous du parcours de Patrick et Giovanni Varlet depuis la mort d'Aurélia jusqu'au ministère de la Justice et la reconnaissance d'une défaillance ?

J'ai une admiration sans bornes pour Patrick Varlet et la façon dont il a su reprendre pied dans la vie pour se battre au nom d'Aurélia. Pour moi, c'est de l'ordre du miracle mais, en vérité, ce type est vraiment un croisé animé d'une foi spectaculaire. J'en ai connu d'autres, de ces parents dont la fille a été massacrée par un immonde abruti possessif. J'ai vu, dans leurs yeux, la détresse insondable dans laquelle ils sont plongés à jamais. Comment éduquons-nous nos garçons ? Et je conchie ceux qui viennent nous dire que des femmes tuent aussi leur mec. Une pour combien de dizaines, de centaines, de milliers ?

Y a-t-il eu des conséquences à la suite de vos investigations et aux recours de maître Schwerdorffer ?

En tant que journaliste, j'ai bien reçu par la bande quelques allusions foireuses sur le fait que si je continuais je pourrais bien être privé d'informations. Mais d'expérience, je sais que plus on dit la vérité, surtout quand elle fait mal, plus on s'attire le respect. Parmi ses protagonistes, l'affaire Varlet n'a pas touché que moi, Didier et Randall, elle a secoué le parquet de Besançon et certainement des enquêteurs.

Quel est votre sentiment de journaliste sur cette affaire ?

Lorsque le recours de Randall Schwerdorffer a été accepté par le ministère de la Justice, ce jour-là, j'ai été fier de mon pays. On a presque été pris par surprise. Peut-être était-ce dû à la personnalité de la garde des Sceaux de l'époque, Christiane Taubira. Souhaitons que cela ne soit pas que cela.

Sinon, le recours envers le ministère de l'Intérieur a été plus décevant. Tardif et très partiel. Mais nous sommes allés jusqu'au bout. Positivement, j'y vois là aussi l'action discrète d'une femme de talent qui avait la confiance du ministre de l'époque et avait eu connaissance de l'affaire lorsqu'elle travaillait en Franche-Comté.

Je crois que c'est malheureusement un travers détestable et généralisé de nos institutions de ne pas accepter la transparence et la saine critique, même si discrètement le ménage a été fait. Notamment dans le domaine judiciaire ou l'exemplarité exigée des justiciables que nous sommes tout doit s'appliquer, ni plus ni moins, à ceux qui font respecter la loi. Ce d'autant plus que les brebis galeuses ne sont à mon avis pas légion. Mais, si on ne les soigne pas, elles condamnent le troupeau.

Chapitre 2

Le crime de dépossession
L'affaire Narumi : Une vie brisée à vingt-et-un ans

Nicolas Zepeda a été jugé par la cour d'assises du Doubs, en avril 2022, et condamné à la peine de vingt-huit ans pour le meurtre avec préméditation de Narumi, jeune étudiante japonaise qui suivait ses études à Besançon. Il a fait appel de cette décision et sera jugé de nouveau en appel en décembre 2023, suite à un renvoi de son affaire. Je tiens à préciser qu'il est présumé innocent et que l'analyse des faits que je livre ici ressort notamment de son premier procès. Elle est strictement personnelle et subjective.

Le présent chapitre ne reprend que très partiellement les nombreux éléments d'investigation ayant permis de retenir la culpabilité de monsieur Zepeda et ces éléments ne seront pas exposés ici, il faudrait un livre à part entière pour le faire, comme l'ouvrage récent de Christophe Masson, *Les Évaporées*.

Narumi Kurosaki était venue en Franche-Comté pour étudier le français au Centre de linguistique appliquée (CLA) de Besançon.

Lorsqu'elle est arrivée en France, Narumi entretenait une relation amoureuse avec un petit ami chilien, Nicolas Zepeda, qu'elle avait rencontré au Japon, à l'université de Tsukuba, un an auparavant. Il a cinq ans de plus qu'elle, il vient d'une famille manifestement très aisée du Chili.

Narumi va rapidement se décider à mettre un terme à sa relation avec Nicolas Zepeda qui commence à devenir de plus en plus envahissant. Il la surveillait sur les réseaux sociaux, lui lançait des injonctions sur qui elle devait fréquenter ou pas. Narumi s'est lassée de cette relation. Elle qui avait été très amoureuse de Nicolas se sentait attirée par quelqu'un d'autre, un certain Arthur Del Picolo, lui aussi étudiant à Besançon.

À compter de novembre 2016, Narumi est sortie officiellement avec Arthur et a commencé une relation dans laquelle leurs échanges téléphoniques ont permis de comprendre qu'il s'agissait d'une relation amoureuse manifestement très sérieuse. Comme toutes les jeunes filles de son temps, Narumi publiait des photos du couple sur Facebook, les photos d'une jeune femme radieuse en présence d'Arthur et de leurs amis et l'on comprend très clairement que Narumi est désormais avec Arthur. Nicolas Zepeda l'avait aussi très bien compris, lui qui surveillait Narumi depuis le Chili.

Sa décision est prise, il ira en France, à Besançon pour, et c'est l'hypothèse de l'accusation et des parties civiles, exclusivement rencontrer Narumi. Nicolas Zepeda a contesté cela durant toute l'Instruction, pendant son procès, et n'a fini que du bout des lèvres, face à des incohérences majeures dans son discours à la fin d'une audience de deux semaines, par reconnaître qu'effectivement il était venu pour voir Narumi.

Le 29 novembre 2016, Nicolas Zepeda est arrivé à Genève depuis le Chili via Madrid. Il s'est rendu à Dijon pour louer une voiture et va passer une bonne partie de son temps sur le parking de la résidence universitaire où loge Narumi, presque en face de son immeuble à 11 000 kilomètres de chez lui. Il surveillait. Il est resté des heures et des heures sur ce parking. La nuit du 2 au 3 décembre 2016, il a séjourné à Ornans, petite ville à proximité de Besançon, dans un hôtel-restaurant « La Table de Courbet ». Toutes les autres nuits, il les a passées dans sa voiture de location sur le parking de la résidence universitaire où vivait Narumi. Le 3 décembre, en début d'après-midi, il est allé s'acheter un blazer et une chemise blanche dans le centre-ville de Besançon. Nicolas Zepeda préparait sa rencontre avec Narumi. À partir de 17 heures, il était de nouveau devant la résidence universitaire, il allait enfin entrer en contact avec Narumi.

À ce moment du récit, il est utile de préciser que personne ne savait que Nicolas Zepeda était en France, strictement personne, même pas sa famille. Il n'a communiqué aucun élément pour que même ses proches ne puissent connaître sa localisation. Il n'a surtout pas prévenu Narumi, d'ailleurs. Et si pendant longtemps il a expliqué qu'il avait atterri sur le parking de la résidence universitaire par hasard, sans savoir que Narumi y résidait, il ne s'était pas manifesté. Pourquoi ce comportement ? En réalité, Nicolas Zepeda n'a pas supporté la rupture avec la jeune Japonaise. Lui, qui a une très haute estime de lui, que ce soit sur son apparence physique (Il dira : « Narumi était fière d'être avec un homme aussi beau que moi ») ou sur ses capacités intellectuelles, a constaté que Narumi était avec quelqu'un d'autre et, surtout, qu'elle était manifestement très heureuse sans lui. Narumi l'avait fait disparaître de son Facebook. Elle était passée à autre chose ! Nicolas Zepeda ne l'a pas accepté !

Ce que l'on sait de la journée du 4 décembre 2016, c'est qu'ils se sont rencontrés ce jour-là devant la résidence de Narumi. Ils se sont parlé. En fin de journée, ils sont partis ensemble avec la voiture de Nicolas Zepeda pour dîner à Ornans à

«La table de Courbet». Ils ont passé trois heures à Ornans. Ils ont effectivement dîné ensemble et le personnel du restaurant, qui sera entendu, a confirmé qu'il s'agissait manifestement d'un repas entre amis, mais pas entre amants. Nicolas Zepeda a payé avec sa carte bancaire, cela a été la première trace objective de son implication dans la disparition de Narumi. Le 4 décembre 2016, c'est la dernière fois que quelqu'un a vu Narumi vivante.

Après le dîner, ils sont retournés à la résidence universitaire. Nicolas a manifestement suivi Narumi avec sa valise en direction de la porte d'entrée de la résidence. La caméra de surveillance a filmé la scène, il était à peu près 1 h du matin. Après cela, la caméra ne filmera plus jamais ni l'un ni l'autre.

Avec maître Sylvie Galley, qui a assisté la famille de Narumi dans cette affaire, nous nous sommes rendus sur place pour voir non seulement le parking, mais aussi la résidence universitaire, etc. Ce qui nous a le plus frappés, c'est la proximité des chambres et, surtout, l'absence totale d'insonorisation des lieux. On entend tout depuis les couloirs, et particulièrement d'une chambre à l'autre.

Ce détail est essentiel. Pour Nicolas Zepeda, Narumi et lui ont passé ensemble près de trente heures dans une chambre de dix mètres carrés, en pleine résidence universitaire et ils ont fait l'amour à plusieurs reprises en précisant d'ailleurs que Narumi avait eu des orgasmes très bruyants. Étienne Manteaux, l'avocat général, maître Sylvie Galley et moi-même lui avons posé des questions lors de l'audience pour faire ressortir auprès des jurés les mensonges flagrants de Nicolas Zepeda sur la plupart de ses déclarations effectuées durant l'instruction.

Questions posées à Nicolas Zepeda lors de son procès d'assises :

«Vous n'êtes pas sortis durant ces deux jours ?»

« Non. »

« Vous avez utilisé des préservatifs durant vos rapports ? »

« Oui. »

« Puisque vous avez utilisé des préservatifs, pourquoi ne les a-t-on pas retrouvés ? »

« Je les ai jetés dans les toilettes. »

« Très bien, pourquoi pas, mais les emballages des préservatifs n'ont pas été retrouvés dans la poubelle de Narumi, avez-vous une explication ? »

« Je les ai emmenés avec moi, je ne les ai pas jetés à la poubelle »

L'étonnement de la salle d'assises se manifeste par un léger bruissement compréhensif et, naturellement, la réflexion des conseils des parties civiles suit : « C'est assez étonnant d'emporter des emballages de préservatifs avec soi. » Réflexion que tout le monde s'est faite à ce moment-là du procès et qui, en toute logique, amène la question suivante : « Mais pourquoi ne pas les avoir mis à la poubelle comme tout le monde le ferait ? »

Réponse de Nicolas Zepeda : « Il existe une coutume au Japon selon laquelle un invité n'a pas le droit de jeter de détritus dans la poubelle de son hôte ! »

Tiens donc, étrange cette coutume. Je me suis tourné vers Sylvie Galley qui a une grande connaissance du Japon et qui d'ailleurs parle le japonais. Elle a souri en me répondant : « Il raconte vraiment n'importe quoi, mais avec un aplomb et une assurance déconcertants » ! C'est vrai qu'on aurait pu le croire tellement il avait l'air sûr de lui dans ses réponses. On a demandé alors l'audition de la sœur de Narumi Kurosaki pour nous éclairer sur ce point. Le président a accepté et a posé la question à la sœur de Narumi dont la réponse a été claire et lapidaire : « On utilise tous nos poubelles comme vous en Europe. Il n'existe aucun usage de la sorte. C'est consternant d'entendre cela. Nicolas a vécu au Japon, il sait très bien que ce qu'il dit est faux ».

Question du président à Nicolas Zepeda : « Monsieur Zepeda, vous avez entendu Negumi, que voulez-vous répondre ? »

« J'ai dû mal comprendre la coutume alors ! »

Ah oui, après y avoir vécu un an ! La réalité était beaucoup plus simple, il n'y avait pas d'emballages de préservatifs dans la poubelle car il n'y a jamais eu de rapports sexuels entre Narumi et lui. Ces soi-disant rapports intenses durant près de trente heures, dans la petite chambre d'étudiante de Narumi n'ont jamais eu lieu. En revanche, plusieurs étudiants ont entendu du bruit dans la résidence et ont indiqué aux enquêteurs l'heure très précise de ces bruits. En effet, des étudiantes se sont échangé des textos à 3 h 21 du matin et aucun ne parle d'un couple aux ébats bruyants. Une étudiante étrangère a témoigné avoir entendu « des cris stridents de femme vers 3 h 21 », « comme dans un film d'horreur », ou encore « on dirait que quelqu'un était en train de se faire assassiner, j'ai les boules, mon cœur s'emballe ».

D'autres étudiants rapportent la même chose, des hurlements, des cris... Or personne, ce jour-là, n'a été victime de violences dans la résidence universitaire. On sait, en revanche, que l'on n'a plus jamais revu Narumi après qu'elle est rentrée dans sa chambre universitaire avec Nicolas Zepeda.

Nicolas Zepeda a quitté la résidence de Narumi vers 5 h du matin, le 6 décembre. Il a pris la sortie de derrière (sortie en cas d'urgence), celle qui n'était pas sous la surveillance d'une caméra, comme par hasard. Il est parti ensuite en direction de Dole, dans le Jura, où il est arrivé à 5 h 55 du matin-puis à 10 h 27 à Dijon, la ville où il avait loué sa voiture. En sachant que pour effectuer le parcours de Dole à Dijon, il faut au maximum cinquante minutes. Nicolas Zepeda a donc passé plusieurs heures dans la forêt de Chaux, forêt immense de plus de vingt mille hectares.

On n'a jamais retrouvé le corps de Narumi, malgré de très nombreuses recherches. C'est là qu'a résidé toute la défense de Nicolas Zepeda lors de l'audience d'assises, et de préciser à la question du président : « D'après vous, Narumi est vivante, alors comment la voyez-vous ? » « Oui, je suis sûr qu'elle est vivante, je la vois heureuse quand je pense à elle, assise quelque part au bord de l'eau, elle adore la mer », et de souligner à l'attention de la famille de Narumi qu'il veut « tout faire pour aider à la retrouver » !

Nicolas Zepeda a quitté la France pour Barcelone via Genève le 7 décembre au soir.

Il est allé rendre une visite surprise à son cousin, Juan Felipe Ramirez-Contreras, qui suivait ses études de médecine en Espagne. Et dans ce cas, comme dans l'affaire Aurélia Varlet, se dessine un personnage très particulier qui se décrypte au travers de son comportement.

Entre le 6 décembre et le 12 décembre, date de son arrivée au Chili, Nicolas Zepeda a fait vivre virtuellement Narumi sur les réseaux sociaux et sur son téléphone portable, en la faisant correspondre avec ses amis pour éviter qu'ils s'inquiètent et ne préviennent la police. Très vite, dès le 7 décembre, certains proches se sont rendu compte que, manifestement, ce n'était pas Narumi qui s'exprimait, mais quelqu'un d'autre, les expressions, les mots, les émojis utilisés ne correspondaient pas à Narumi.

Jusqu'à ce qu'il soit retourné au Chili, pays qui n'a pas de traité d'extradition avec la France, Nicolas Zepeda a fait "communiquer" Narumi. Dès son arrivée au Chili, tout s'arrête, Narumi disparaît aussi du monde virtuel. Naturellement, Nicolas Zepeda sait parfaitement qu'il n'y a pas de traité d'extradition et donc, légalement, il est presque impossible qu'il soit extradé. C'était là sans compter sur la pugnacité du procureur de la République, Étienne Manteaux, et l'importante pression populaire au Chili, choquée par l'impunité insupportable de Nicolas Zepeda. Il convient également de savoir qu'il existe au Chili ce qu'on appelle la jurisprudence Pinochet : « Pas de corps, pas de procès ». Nicolas Zepeda, s'il avait été jugé au Chili, n'aurait jamais pu être condamné.

Nicolas Zepeda n'avait pas dit à son cousin qu'il venait d'arriver de France et qu'il avait vu Narumi. Bien au contraire, puisqu'il lui a même affirmé ne plus l'avoir revue depuis septembre 2016 et qu'il était désormais « très amoureux d'une fille allemande rencontrée au Chili ». Nicolas a menti à son propre cousin. Ce dernier a été entendu et a apporté des précisions importantes sur l'affaire, et notamment le fait que Nicolas Zepeda lui a demandé combien de temps une personne mettait pour mourir par étouffement. Le cousin cité aux assises n'est pas venu témoigner contre Nicolas Zepeda car, étant de sa propre famille, cela semblait plus que… compliqué !

Comment expliquer aussi qu'après ces trente heures d'amour fou, selon Nicolas Zepeda, Narumi ou lui ne se soient plus jamais contactés ? Il est vrai que cela ne sert à rien d'appeler une morte !

Lorsque Nicolas Zepeda est rentré au Chili, il a recommencé à communiquer sur Facebook, sur ses activités au Chili. Il s'y affichait avec un large sourire. Tout allait désormais au mieux pour lui, il est vrai que dans une vidéo en anglais du 7 septembre 2016 postée sur Daily Motion, le ton était différent : « Bonjour, à qui est en train de regarder pour Narumi ». Il précise qu'elle a fait « de mauvaises choses » et qu'elle va devoir désormais respecter certaines conditions en lui fixant un ultimatum de deux semaines. La vidéo se termine ainsi : « Si le 21 septembre elle suit toutes les conditions, je les abandonnerai simplement, parce que je ne veux pas vivre comme ça, et je ne veux pas qu'elle vive comme ça non plus, mais en même temps, il faut qu'elle construise la confiance et elle doit payer un petit coup pour ce qu'elle a fait et assumer cela, assumer qu'elle ne peut pas aller partout en faisant ce type d'erreur avec une personne qui l'aime ».

Pourquoi, dans ce cas-là, parler d'un crime possessionnel et non pas d'un crime passionnel ? Il apparaît dans cette affaire que Narumi est devenue une obsession pour Nicolas Zepeda, elle l'était d'ailleurs déjà avant leur rupture, un peu comme dans l'affaire Aurélia Varlet.

Nicolas Zepeda a préparé sa rencontre avec Narumi depuis le mois d'octobre 2016. Il a fait 11 000 kilomètres pour venir la voir et faire en sorte que personne n'en sache rien. Ce qui ressort, pour maître Galley et moi-même, mais aussi en partie pour l'avocat général Étienne Manteaux, c'est que la logique de Nicolas Zepeda est complexe.

Soit Narumi renonce à sa relation avec Arthur Del Picolo et revient avec lui (l'ultimatum) et tout va bien. Soit elle ne renonce pas à Arthur et refuse de continuer leur relation et elle est morte. D'une façon ou d'une autre, et quel que soit son choix, personne d'autre que Nicolas Zepeda ne possédera Narumi, et là, nous sommes bien dans un ressort possessionnel. Comme dans l'affaire Varlet, l'issue fatale est réfléchie, préparée, mentalisée, préméditée. On est tout sauf dans l'instant. Il y avait une volonté criminelle consciente et déterminée qui s'inscrivait dans la durée.

Ce qui est caractéristique dans ce type de crime, avec ce mobile spécifique, c'est l'absence de regrets des auteurs qui passent à l'acte dans ces conditions.

Didier Grosjean se suicide après avoir tué Aurelia Varlet, c'est son scénario. Il ne laisse rien, pas un mot. Il a fait ce qu'il avait à faire, ce qu'il avait décidé. Nicolas Zepeda aurait donc tué Narumi après son refus de revenir avec lui. Il a quitté Besançon le 6 décembre et a retrouvé son cousin le jour suivant à Barcelone, et tout va bien pour lui. Il n'a témoigné d'aucun état d'âme, d'aucun regret et, jusqu'au bout, il a tenté d'échapper aux conséquences judiciaires de son acte. Après tout, et en suivant la logique de sa vidéo sur Dailymotion, si Narumi est morte, c'était sûrement de sa faute.

Le fait de donner la mort pour ce type de crime semble être libératoire pour son auteur, un peu comme si laisser la victime vivre était plus violent psychiquement que de la tuer. On est là, à mon sens, dans la possession la plus totale de l'autre, mais aussi et surtout face à une véritable négation de l'altérité de l'autre, ce qui n'est absolument pas le cas du crime passionnel.

Interview de maître Sylvie Galley

Qui êtes-vous Maître Sylvie Galley ?

Avocat au Barreau de Besançon, issue de la même promotion que Randall qui déjà, à l'école d'avocat, se distinguait par son aisance oratoire et ses qualités de juriste.

Quel est votre regard sur la disparition de Narumi ?

La terminologie de “disparition” est un cruel euphémisme utilisé par précaution oratoire et par pudeur à l'égard d'une famille dans le deuil, alors même que tous les éléments de preuve dans ce dossier convergent vers l'inéluctable et indiscutable mort de Narumi.

Sur le plan juridique, ce terme n'a plus vocation à s'appliquer, Nicolas Zepeda ayant été condamné en première instance du chef d'assassinat.

Quelles sont vos relations avec la famille de Narumi ?

Les liens noués avec la famille de Narumi ont très vite dépassé la sphère strictement professionnelle par un phénomène d'empathie très puissant, en raison de l'émotion que suscite nécessairement un procès dans lequel une famille est endeuillée par une mort brutale, mais également en raison d'un investissement personnel indissociable des qualités humaines des personnes rencontrées à l'occasion de ce procès.

Toutefois, et quels que soient les sentiments qui nous envahissent au moment d'un procès, c'est par le prisme de la robe d'avocat que les parties civiles sont appréhendées, avec objectivité et professionnalisme.

Pourquoi avoir demandé à Randall Schwerdorffer d'intervenir à vos côtés lors du procès de Nicolas Zepeda ?

Maître Schwerdorrfer, qui a un talent inné et une appétence naturelle pour les affaires criminelles, médiatisées en particulier, était destiné à intervenir dans ce grand procès.

Ses qualités oratoires, son aptitude à s'approprier le tempo d'un procès au long cours, le regard incisif qu'il porte sur les dossiers, les succès remportés dans les nombreux procès criminels qu'il a plaidés, et sa présence imposante sans jamais être envahissante le désignaient avec évidence.

Qu'avez-vous pensé de la défense de Nicolas Zepeda ?

Il ne m'est pas permis, déontologiquement parlant, de porter le moindre jugement de valeur sur la défense de Nicolas Zepeda, quelle que soit la nature de la critique objectivée.

Au-delà de cette considération, cette défense procédait d'un exercice périlleux, la multiplicité des éléments de preuve accablant l'accusé se confrontant aux mensonges, aux contradictions et au déni de ce dernier.

Ce défi a été relevé avec passion, délicatesse et dignité par le conseil de Nicolas Zepeda, maître Laffont, laquelle a mis tout son talent au service de l'accusé.

Comment la famille de Narumi a-t-elle vécu le premier procès et comment envisage-t-elle le procès en appel ?

La famille de Narumi était consumée par l'appréhension et l'angoisse à l'idée d'affronter le regard de Nicolas Zepeda lors du premier procès, mais elle était également portée par l'espoir indicible de connaître la vérité sur la mort de cette dernière et sur l'endroit où son corps a été dissimulé.

Cet espoir a été balayé par les dénégations et la ligne de défense de l'accusé.

L'appel interjeté par Nicolas Zepeda, dont la mère et les sœurs de Narumi ont eu connaissance alors qu'elles étaient sur le chemin du retour, dans l'avion qui les ramenait au Japon, les a bouleversées et fragilisées.

La famille aborde le procès en appel avec une souffrance exacerbée et une crainte décuplée par le sentiment de toute-puissance écrasante de l'accusé qu'elle a ressenti lors du renvoi de la session d'appel du mois de février 2023, à la demande ce dernier.

La place des avocats de partie civile vous semble-t-elle satisfaisante en France ?

Pour Robert Badinter: « La justice pénale n'a pas pour mission d'être une thérapie de la souffrance des victimes. Elle a une fonction répressive, dissuasive et expressive, car elle exprime les valeurs de la société ».

Si les droits des victimes ont été étendus et renforcés par les réformes pénales successives, en permettant notamment à ces dernières de participer à la manifestation de la vérité, ils apparaissent parfois moins importants que ceux dévolus à la défense ou au ministère public, véritables acteurs du procès pénal.

À titre d'exemples, le droit de récusation des jurés en cour d'assises qui n'appartient pas aux parties civiles, ou le droit d'interjeter appel au pénal qui leur est légalement refusé, sont autant de prérogatives qui leur échappent encore.

Trop souvent, l'avocat des parties civiles ne représente que l'affect, et illustre simplement l'idée qu'il n'a vocation qu'à demander des dommages et intérêts, la réparation du préjudice de son client, tout en étant privé d'un rôle d'investigation ou de démonstration de la culpabilité.

C'est ainsi que des confrères se sont récemment émus des mots d'un journaliste du site Internet *Les jours* à propos des plaidoiries de partie civile du procès des attentats de novembre 2015 : « Les avocats sont-ils procureurs privés, dépositaires d'une mémoire, philosophes ? Ils ne le savent pas très bien eux-mêmes. »

La question de la place de l'avocat des parties civiles continue donc à alimenter une réflexion juridique toujours d'actualité.

Comment avez-vous abordé ce « grand procès » d'assises ?

La labellisation « grand procès » de cette affaire est liée notamment à sa dimension internationale, nécessitant la mise en œuvre de moyens matériels et humains considérables, et entraînant une médiatisation importante.

C'est donc avec la conviction de vivre une expérience professionnelle d'exception, tant à raison des enjeux de ce procès, que de la qualité des intervenants et de la richesse des enseignements acquis que je l'ai abordé.

Néanmoins, chaque procès qui s'ouvre est un grand procès pour chaque victime que l'on défend.

Quel est votre sentiment sur cette affaire criminelle ?

Partagé entre la satisfaction que la justice française ait brillamment œuvré en faisant comparaître l'accusé devant elle au terme de longues années d'enquête et grâce à l'entraide internationale, et la lancinante sensation d'échec en dépit de la condamnation en première instance de Nicolas Zepeda, le corps de Narumi n'ayant jamais été retrouvé malgré les recherches déployées pour tenter de résoudre cette ultime interrogation.

Chapitre 3

Le crime passionnel
L'affaire Yvon Octeau :
Quand un honnête homme tue.

On peut tous un jour se retrouver devant une cour d'assises. Tous les praticiens des assises le disent, même si cette phrase peut supporter de larges exceptions. Toujours est-il que rien ne permettait de penser que monsieur Yvon Octeau, paisible retraité sans casier judiciaire et père exemplaire, allait se retrouver un jour à comparaître pour meurtre devant la cour d'assises du Doubs.

Monsieur Yvon Octeau, chauffeur-livreur retraité est, pour tout le monde, en tout cas c'est ce qui ressort de la fameuse cote B du dossier d'instruction (la cote de personnalité), un homme affable, toujours prêt à rendre service, sérieux et qui a en partie remarquablement élevé seul son fils. On peut le dire, c'est selon l'expression consacrée « un type bien », qui avait eu des problèmes de consommation d'alcool mais qui, au moment où il a rencontré sa voisine, était abstinent depuis plus de vingt ans. Sa passion, c'est la pêche.

Monsieur Yvon Octeau avait soixante et un ans en 2008, quand il a fait la connaissance d'une voisine qui venait de s'installer avec ses trois enfants, âgés de cinq, dix et onze ans, dans le même immeuble que lui, dans un quartier calme de Morteau, dans le Doubs. La voisine avait trente-neuf ans, elle était seule, plutôt jolie, et avait besoin d'aide pour s'installer. Monsieur Yvon Octeau, qui vivait seul lui aussi et s'ennuyait quelque peu, s'est proposé naturellement pour aider sa voisine et a réalisé dans son appartement de petits travaux. Après tout, il avait du temps depuis qu'il était un jeune retraité célibataire.

Monsieur Yvon Octeau, qui est d'un naturel timide et réservé, a quand même osé inviter sa voisine à dîner, après tout, elle était jolie, sympathique et elle était célibataire comme lui. Jour après jour, la voisine a pris l'habitude de venir chez lui prendre un verre une fois ses trois enfants couchés. Et, de fil en aiguille, une relation amoureuse a débuté entre eux. Amour passager pour elle, probablement. Pour lui, cela a été vite une relation sérieuse, très sérieuse même. Il le dira avec émotion lors de son procès : « J'avais l'intention de faire ma vie avec elle. On avait prévu de prendre un appartement ensemble à la fin de l'année ». Il est vrai que les sentiments de monsieur Octeau envers sa voisine étaient sincères. Il l'avait même présentée à son fils et à son meilleur ami, ce qui n'était jamais arrivé auparavant.

Pourtant, très rapidement, la relation s'est étiolée et monsieur Octeau qui n'était pas un habitué des aventures sans lendemain, perd progressivement pied dans cette histoire qui pour lui était sa dernière histoire d'amour. De son côté, sa voisine a fait la connaissance d'un autre homme, plus en adéquation avec son âge, qu'elle a rencontré via une petite annonce. Elle a commencé une relation à distance en échangeant des SMS puis a fini par rencontrer cet homme deux semaines avant les faits qui nous occupent, et manifestement, ils s'étaient revus, selon l'enquêteur en charge de l'affaire, pour passer le week-end suivant ensemble.

Monsieur Octeau avait des doutes sur la fidélité de sa "compagne", d'autant plus que cette dernière recevait de très nombreux SMS en sa présence et passait de plus en plus de temps sur son portable. Monsieur Octeau l'a bombardé de questions : « C'est qui ? » « Pourquoi tu réponds aussi tard à des messages ? », « Qui peut bien te contacter à cette heure-là ? » Les réponses étaient toujours du même ordre: « Ce n'est rien », « C'est ma mère », « C'est une amie ».

Le soir du drame, monsieur Octeau et sa voisine ont pris l'apéritif, comme d'habitude. Du vin rosé et du punch dans des quantités manifestement importantes puisque l'alcoolémie de monsieur Octeau révélera un taux de 2,40 grammes d'alcool dans le sang au moment du passage à l'acte, ce qui est un taux particulièrement élevé.

Les messages ont recommencé à tomber, un, puis deux, puis dix, ça ne s'arrêtait pas. Les questions ont repris : « C'est qui ? », pas de réponse. « Mais bon sang, tu échanges avec qui ? je veux savoir », « J'en ai marre de ça, je veux savoir qui c'est, qu'est-ce qui se passe ? ». La voisine a refusé de répondre aux questions de monsieur Octeau. Elle n'a pas vu qu'il était à bout, complètement excédé, qu'il était en pleine crise de jalousie, qu'il n'en pouvait plus. Elle n'a pas eu peur de lui, bien sûr, même alcoolisé, il était toujours gentil et prévenant, ce n'était pour elle qu'une petite crise qui allait passer. De toute façon, ils n'allaient pas tarder à terminer cette soirée très alcoolisée et elle a continué d'échanger par SMS sur son téléphone portable. C'est à ce moment-là précis pourtant que leurs vies vont basculer.

Yvon Octeau est allé dans sa chambre, laissant sa voisine l'ignorer et répondre à ses messages, une fois de plus, « une fois de trop », dira-t-il lors de son procès d'assises. Dans sa chambre, il y a deux fusils qui lui appartiennent depuis des années, un fusil de calibre 22 long rifle et un fusil de chasse de calibre 9 mm avec canons superposés. Il a pris machinalement le fusil de chasse. Pourquoi celui-ci précisément ? lui demandera-t-on à son procès, et pas l'autre : « Je ne sais pas, j'ai pris le premier qui m'est tombé sous la main, je n'ai pas choisi ». Il est revenu dans la cuisine et s'est retrouvé derrière elle à une distance d'un mètre. Elle s'est tournée vers lui, assise sur sa chaise devant la table de la cuisine, son téléphone à la main. Monsieur Octeau a tiré, une balle, à bout touchant (à une vingtaine de centimètres de son visage). Les photographies des gendarmes montreront d'ailleurs qu'elle est morte sur le coup, assise, les jambes croisées. Elle est restée comme figée au moment du tir.

Pour monsieur Yvon Octeau, une fois le coup de feu parti, la détonation, l'odeur de la poudre, il a compris forcément qu'il venait de basculer dans le crime. Il a appelé son fils quelques minutes après les faits. Il pleurait, il lui a tout expliqué. Il lui a dit qu'il allait mettre fin à ses jours… Les gendarmes sont arrivés rapidement avec les secours, il a été interpellé sans opposer aucune résistance.

Voilà, c'est cet homme que j'ai défendu en 2011 devant la cour d'assises du Doubs. Il a été placé un an en détention provisoire puis remis en liberté et placé sous contrôle judiciaire avant son procès. Aujourd'hui, ce ne serait plus envisageable. Aucun juge ne remettrait en liberté un homme qui a tué sa compagne avant son procès, aucun ! Une femme, oui, mais pas un homme. Il n'y a pas que cela comme différence dans le traitement des affaires criminelles depuis une dizaine d'années. Le procès s'est déroulé sur trois jours, les faits d'homicide volontaire ont été reconnus et il n'y avait aucune altération ou abolition du discernement. Il était pleinement responsable pénalement de ses agissements. Pendant le procès, la stratégie de la défense que nous assumons pleinement, a consisté à démontrer qu'effectivement, la victime entretenait une relation sentimentale cachée avec un autre homme, et que c'est dans ce contexte que l'accusé a perdu pied. La question posée à l'enquêteur a permis de lever toute équivoque : « La voisine de monsieur Yvon Octeau avait-elle un amant ? »

L'enquêteur a répondu sans hésitation, oui, c'était une évidence, cela ressortait de leurs échanges par SMS, et qu'une semaine avant les faits, elle avait dit qu'elle passait le week-end chez sa mère, mais en réalité elle était avec son amant. Cela a immédiatement provoqué une réaction particulièrement hostile de l'avocate des parties civiles, maître Virginie Jacquemet, qui est une consœur pugnace et de qualité, avocate des trois enfants de la victime : « On essaie de justifier le meurtre parce que l'accusé a été trompé ? C'est inadmissible ». Non, on ne justifie rien, on explique un contexte particulier à la cour d'assises et on le fait encore en 2023. Aujourd'hui, on m'accuserait de *victime bashing*. J'assume. Pourquoi, lorsqu'une femme tue, comme dans l'affaire Jacqueline Sauvage, on peut agonir la victime d'injures sans provoquer la moindre réaction ? C'est une inégalité flagrante dans la défense entre les hommes et les femmes au détriment des hommes, sans compter que les peines prononcées à l'encontre des femmes pour des faits similaires sont notoirement plus basses, ce qui ne choque pas non plus les associations féministes d'aujourd'hui. Un peu d'égalité judiciaire entre les hommes et les femmes serait la bienvenue, d'autant que ce serait tout simplement juste.

Pour en revenir à monsieur Yvon Octeau précisément, voilà un homme de soixante et un ans, qui n'a jamais de sa vie fait de mal à personne, qui est apprécié, son fils l'adore, toute l'enquête de personnalité démontre qu'il est étranger à toute violence et pourtant, ce jour-là, il a recours à la violence ultime, il tue d'une balle de 9 mm, à bout touchant, sa compagne. Des monsieurs Yvon Octeau, qui ont exactement son profil, il y en a partout à son procès. Il y en a dans les jurés, dans la salle d'audience, ces messieurs Tout-le-monde, qui traversent la vie sans jamais faire le moindre mal à personne, et un jour pas comme un autre, cela dérape. Il va de soi que, dans notre affaire, nous ne sommes plus dans le dérapage, mais dans le drame absolu. Au procès, le fils de monsieur Octeau est là, son meilleur ami aussi. Les témoignages sont tous les mêmes, il est le contraire de son passage à l'acte criminel, l'exact contraire !

Au procès, monsieur Octeau a peu parlé de lui, il a surtout pensé aux trois enfants de la victime. Il a eu manifestement de l'empathie et les jurés l'ont ressenti. Il n'a pas revendiqué son geste, loin de là, il ne parvenait pas à accepter qu'il soit devenu un meurtrier et qu'il ait ôté une vie. L'alcool, oui, avec 2,40 grammes d'alcool c'est un désinhibiteur très puissant, on le sait parfaitement bien. Mais le facteur le plus essentiel dans son passage à l'acte a été le sentiment de jalousie. On a l'impression, depuis que les écoféministes assènent leur vérité, que ce type de sentiment a disparu, qu'on ne tue que parce qu'on est intrinsèquement mauvais, pervers narcissique ! En aucun cas monsieur Octeau n'est l'un ou l'autre. C'est un pauvre homme de soixante et un ans, dépassé dans sa relation amoureuse par une jeune femme de trente-neuf ans qui l'avait trompé. Il était profondément blessé, complètement perdu le soir où il a tiré, incapable de maîtriser ce sentiment de jalousie qui s'amplifiait depuis quelques jours et qui a atteint une douleur paroxystique ce soir-là. Je me permets au passage de rappeler la définition du mot "passion" pour ceux qui pensent que passionnel est le synonyme d'amour : « État affectif et intellectuel assez puissant pour dominer la vie mentale ». Qu'est-ce que les écoféministes et les partisans du "tout féminicide" ne comprennent pas dans cette définition ?

Oui, j'ai plaidé le crime passionnel, purement passionnel, exclusivement passionnel. Je n'ai pas plaidé une excuse ou un droit. J'ai plaidé sur un passage à l'acte qui ne devait pas se condamner comme le crime possessionnel, prémédité, réfléchi et dont les ressorts sont ceux d'une logique criminelle implacable, tout autant que le crime au mobile crapuleux (comme une femme qui essaie par tous moyens d'empoisonner son mari pour toucher les assurances-vie et partir avec son amant).

Les derniers mots de monsieur Octeau seront les suivants: «Je sais, j'ai tout gâché, je ne me le pardonnerais jamais». Si Didier Grosjean, le tueur d'Aurélia Varlet, avait pu parler après son acte, il aurait sans doute dit, j'imagine, au vu de ce que j'ai lu de lui : « J'ai fait ce que j'avais à faire, il n'y a rien à regretter ».

L'accusé Yvon Octeau encourait une peine de trente ans, c'est le maximum légal pour l'homicide volontaire. L'avocat général, après ces deux jours de débats, a requis treize ans (pas vingt-cinq ans ou trente ans comme il le ferait aujourd'hui). J'ai plaidé pour l'accusé. Une partie de ma plaidoirie a été reprise dans *L'Est Républicain* par le journaliste Pierre Laurent (avec qui j'ai écrit mon deuxième livre). « Les individus les plus dangereux sont les gens amoureux. Ils sont dans la passion et non dans la raison, sans plus de place pour la réflexion. Le crime passionnel, c'est le crime de l'honnête homme, personne n'est à l'abri ». Personne dans la salle d'assises n'a trouvé mes propos déplacés ou inadaptés, au contraire.

La cour d'assises du Doubs a condamné, le 20 mars 2012, monsieur Octeau à une peine de dix ans de réclusion criminelle. Le parquet de Besançon n'a pas interjeté appel de cette décision alors qu'il pouvait le faire.

Aujourd'hui, je plaide comme avant les bouleversements de 2017, parfois avec des associations féministes dans la salle d'audience qui aimeraient m'empêcher de plaider pour les hommes que je défends, comme dans le procès de Rachid Askari, en décembre 2021, à Besançon (mais je défends aussi des femmes qui ont tué). Je considère qu'il est de notre responsabilité de faire en sorte qu'il n'y ait pas d'assimilation dans tous les passages à l'acte, de continuer à distinguer chaque affaire criminelle les unes des autres et à fuir la logique de ceux qui prônent une sorte de peine unique à chaque « féminicide » comme ils appellent cela, c'est-à-dire la perpétuité. Il me semble que l'utilisation de ce terme est particulièrement nuisible aux débats judiciaires parce qu'elle assimile tous les passages à l'acte en un seul, accompagnée d'une logique de peine unique qui est totalement contraire à tous nos principes juridiques et notamment celui de l'individualisation de la peine.

Interview de maître Ornella Spatafora

Qui êtes-vous, maître Ornella Spatafora ?

J'ai trente-cinq ans, j'exerce la profession d'avocat depuis 2015.

Suite à ma prestation de serment, j'ai exercé durant une année, en qualité de collaboratrice, au sein du cabinet de maître Randall Schwerdorffer et suis ensuite devenue associée à compter de 2016.

Au sein du cabinet, je traite principalement le contentieux pénal, et plus spécifiquement celui concernant les trafics de stupéfiants et les règlements de comptes qui en découlent. Je m'occupe également de l'ensemble du contentieux en lien avec le juge des enfants, que ce soit les enfants dits « en danger » ou ceux « délinquants ».

Ce sont deux domaines d'activité que j'affectionne tout particulièrement, car ils impliquent, en sus de la technicité, une proximité avec l'humain, et il s'agit d'une des raisons pour lesquelles j'ai fait le choix d'endosser la robe d'avocat.

Au-delà des affaires pénales délictuelles, j'interviens également régulièrement devant les cours d'assises de ma région, mais aussi à l'échelle nationale pour défendre des parties civiles, surtout des prévenus dans des affaires de nature sexuelle ou de meurtre.

Est-il facile d'être une femme pénaliste et d'œuvrer en défense ?

Je n'ai jamais considéré que le fait d'être une femme devait interférer dans ma profession et d'ailleurs, aujourd'hui, je dirais que je ne me considère pas comme une avocate pénaliste, mais plutôt comme un avocat pénaliste.

J'exerce ma profession comme n'importe quel homme exercerait ce métier.

Je pense d'ailleurs que les personnes qui me mandatent, le font pour mes qualités de technicien du droit et non pas parce que je suis une femme.

Assistant principalement des personnes de sexe masculin, j'ai toujours mis un point d'honneur à ce que les relations entretenues avec les clients soient courtoises, sans qu'il ne puisse exister la moindre ambiguïté.

Depuis que j'exerce la profession d'avocat, je n'ai rencontré qu'une seule difficulté avec un client qui avait fait le choix de Randall Schwerdorffer, mon associé. Il l'avait choisi, mais c'est moi qui suis allée à la reconstitution.

Ce client, qui avait une conception de la femme complètement dégradante, a refusé d'écouter mes conseils au cours de la reconstitution criminelle lors de laquelle je l'assistais, et ce au motif que j'étais une femme.

Cet homme m'a littéralement ridiculisée devant l'ensemble des professionnels qui étaient présents au cours de cette reconstitution, puisqu'il a affirmé au magistrat instructeur, et alors même que j'étais à ses côtés : « mon avocat est absent, je refuse de participer à la reconstitution ».

Avec du recul, je me dis qu'aujourd'hui, les choses auraient été totalement différentes car je venais de débuter dans la profession et je pense que mon jeune âge ne m'a pas permis d'avoir la repartie nécessaire face à un tel comportement.

Heureusement, cette situation est restée un acte isolé, car pour le reste, je n'ai jamais rencontré la moindre difficulté au motif que j'étais une femme.

Toutefois, si pour ma part, le fait d'être une femme n'a pas d'incidence sur la manière dont je défends les personnes qui me mandatent, je constate qu'il en va parfois autrement au sein d'une enceinte judiciaire.

En effet, je dirais que ma qualité d'avocat "femme" peut, au cours des procès dans lesquels j'interviens en défense, représenter une force, et ce dès lors que je peux, durant les débats, ainsi que lors de ma plaidoirie, me permettre de développer certains arguments qui seraient perçus totalement autrement si l'un de mes associés "hommes" venait à les soutenir.

Je pense d'ailleurs que c'est la raison pour laquelle, avec maître Randall Schwerdorffer, nous avons régulièrement fait le choix de travailler en binôme lors de procès de faits de nature sexuelle, ou de meurtre sur conjoint-e ou concubin-e.

Avez-vous déjà défendu des meurtriers qui ont tué leur compagne, et si oui, comment gérez-vous ces dossiers ? Et pourquoi assurer la défense de meurtriers de femmes quand on est une femme ?

Au cours de ma carrière, j'ai assisté plusieurs hommes qui avaient tué leur conjointe ou concubine, tout comme j'ai déjà assisté des femmes qui avaient tué leur mari ou concubin.

Je n'appréhende aucunement le fait de défendre un homme qui a tué sa femme, et ce pour la simple et bonne raison que je n'ai aucun jugement à apporter à l'égard des personnes qui me confient leur défense.

Le fait que je sois une femme n'interfère nullement dans le choix des personnes que j'assiste. Je ne me suis jamais dit :

« je suis une femme, il est hors de question que j'assiste un homme qui a tué sa femme ».

Et si d'ailleurs, un jour, je venais à me faire cette réflexion, je raccrocherai immédiatement la robe.

Par conséquent, lorsque je défends un homme qui a tué sa femme, j'étudie son dossier et nous établissons ensuite une stratégie de défense, et ce comme avec l'ensemble des dossiers que je suis amenée à traiter au cabinet.

Si les faits sont contestés et que le dossier permet de les contester, je ne rencontre aucune difficulté à plaider un acquittement.

Si, *a contrario*, les faits sont reconnus, je m'attache davantage à comprendre les raisons de ce passage à l'acte, puisque c'est sur ce point que se cristallisera le débat lors du procès d'assises.

Néanmoins, je dois concéder que défendre un homme qui a tué sa femme dans notre société actuelle, est un exercice particulièrement difficile.

En effet, j'ai le sentiment que l'intérêt que suscite ce genre de faits, dans ce que je qualifie de tribunaux "médiatiques" ou "populaires" a une incidence sur la manière dont ces dossiers sont traités par l'institution judiciaire.

Ces dernières années, j'ai souvent fait le constat que l'homme qui a commis de tels faits est réduit à son acte et que l'on occulte complètement l'homme qu'il était avant ce passage à l'acte.

Je fonde cette réflexion notamment sur un dossier que j'ai plaidé avec maître Randall Schwerdorffer durant une semaine devant la cour d'assises d'Avignon. Il s'agissait d'un policier qui avait tué son ex-compagne de plusieurs balles dans la tête, sous les yeux de leur fils âgé de trois ans.

Avant de commettre lesdits faits, cet homme ne s'était jamais fait connaitre défavorablement des forces de l'ordre, il était policier et pompier volontaire et avait une vie tout à fait "ordinaire".

Lors de son procès, nous, les avocats de la défense, avons très vite compris que cet homme, de par les faits qu'il avait commis, ne pouvait avoir été un bon père, un bon compagnon, un bon policier, un bon pompier. Il était uniquement le pire des hommes, celui qui avait exécuté son ex-compagne devant leur enfant.

Dans un tel climat, le travail de défense implique une certaine habilité, car l'on défend "le pire des hommes" face à une victime qui, elle, *a contrario*, est complètement sacralisée.

Ce constat, je l'ai spécialement fait lors de la défense de Jonathann Daval. Pour lequel, chaque terme positif employé à son égard suscitait une réaction épidermique, notamment dans ce que j'ai appelé supra « les tribunaux médiatiques ».

Avez-vous déjà été confrontée au sexisme dans votre profession ?

L'affaire Daval a été très enrichissante sur de nombreux aspects. Néanmoins, ce tremplin médiatique a eu pour corollaire certaines interrogations totalement ubuesques dès lors que pour certains confrères, il était évident que maître Randall Schwerdorffer avait fait le choix de prendre ce dossier avec moi, non pas pour des motifs professionnels, mais davantage liés au fait que nous entretenions une liaison.

Certains confrères n'ont pas hésité à nous demander si nous couchions ensemble.

On était donc totalement dans le cliché de l'ancien avocat pénaliste talentueux accompagné de sa jeune "collaboratrice" dont les qualités professionnelles comptaient peu dès lors que l'on se focalisait davantage sur son physique.

Je vous avoue que j'ai toujours été surprise que des personnes qui ont prêté le même serment que moi, puissent avoir une vision aussi réductrice.

Avec du recul, cela me fait sourire et, fort heureusement, cette rumeur n'a jamais impacté nos compagnons respectifs.

Cependant, je me dis que cette interrogation n'aurait jamais été faite à une avocate expérimentée qui aurait, dans un dossier médiatique, fait le choix d'être accompagnée de son jeune associé qui débutait dans la profession.

Par ailleurs, lors de l'affaire Daval, deux membres du conseil de l'ordre qui m'ont entendue au cours d'une enquête disciplinaire (inhérente au dossier), m'ont fait part du fait que certaines consœurs étaient interpellées par les tenues que je pouvais porter au cours de certaines interviews.

À titre d'illustration, il m'a été reproché d'avoir choisi, au cours d'une de mes interviews, de porter un pull qui découvrait une de mes épaules, certaines consœurs ayant considéré que je réduisais la femme avocate à la femme séductrice.

Je vous concède que j'ai été particulièrement atterrée par le fait que ces femmes qui se battent quotidiennement pour les libertés et droits de chacun, puissent avoir une vision aussi obtuse.

Je regrette de faire un tel constat !

D'autant qu'il est évident que personne n'a jugé utile de donner son avis sur les tenues portées par maître Randall Schwerdorffer.

En répondant à votre question, je me rends compte que finalement, ce sexisme, je l'ai surtout vécu avec mes confrères.

Il n'en est rien pour l'ensemble des autres professionnels du droit que j'ai été amenée à côtoyer depuis que j'ai prêté serment.

Que pensez-vous de l'idée de continuer de plaider le crime passionnel, alors qu'aujourd'hui on ne parle plus que de féminicide ?

Je considère que ce sont deux notions différentes car le crime passionnel prend en compte la raison du passage à l'acte, alors que celle de féminicide est plus réductrice, puisqu'il s'agit du meurtre d'une femme au simple motif qu'elle est une femme, quel que soit son âge et quel que soit le contexte.

Je dirais qu'aujourd'hui, le terme "féminicide" est devenu une notion à la mode, que l'on retrouve dans l'opinion publique, dans les tribunaux médiatiques, mais qu'il n'est aucunement une notion juridique.

Cela est d'ailleurs une erreur de réduire à chaque fois le meurtre d'une femme à un féminicide, parce que, dans ce cas, on occulte complètement les raisons du passage à l'acte, le mobile.

Or, aujourd'hui, la notion de "crime passionnel", laquelle n'existe plus à proprement parler dans le Code pénal, continue d'être un crime "à part" car il renvoie à une histoire d'amour dont la fin est dramatique. En effet, l'auteur des faits n'accepte pas d'être quitté et veut faire payer à l'autre son départ. Il s'agit d'un crime d'amour-propre.

Les raisons de ce passage à l'acte seront nécessairement prises en compte lors d'un procès devant la cour d'assises.

Simplement, il apparaît que ce criminel par passion, qui auparavant pouvait conduire à une identification de la part des jurés, laquelle impliquait une certaine compréhension des raisons du passage à l'acte, est aujourd'hui perçu comme un homme violent, auquel les jurés ne souhaitent pas s'identifier.

Quel regard portez-vous sur le mouvement MeToo ?

C'est un mouvement social qui a vocation à encourager la prise de parole des femmes, afin de dénoncer des faits d'agression sexuelle ou de harcèlement sexuel.

C'est un mouvement qui, à l'origine, était présenté comme l'aboutissement de plusieurs décennies de lutte féministe contre les violences sexuelles.

De prime abord, on pourrait dire que ce mouvement, qui a permis la libération de la parole des femmes, est bienfaiteur.

Néanmoins, la manière dont ce mouvement s'est développé, notamment sur les réseaux sociaux, a entraîné de véritables dérives avec la création de ce que j'ai appelé « les tribunaux populaires », c'est-à-dire qu'en parallèle de la procédure judiciaire et du schéma traditionnel (plainte et enquête) on assiste à de véritables procès dans lesquels la présomption d'innocence n'a bien évidemment aucune place.

Ce mouvement prône la sacralisation de la parole de la victime en véhiculant l'idée que si une femme accuse, c'est forcément vrai, et ce d'autant plus si cette accusation est médiatisée.

Mon inquiétude actuelle, en tant que professionnelle du droit, tient au fait qu'un tel raisonnement puisse avoir sa place au sein des tribunaux ou des cours d'assises.

Régulièrement, dans des enceintes judiciaires, j'entends cette question qui est posée aux prévenus : « Pourquoi Madame raconterait-elle ça, si cela ne s'est pas passé ? »

En réalité, il y a de multiples raisons pour lesquelles une plaignante pourrait raconter des faits qui n'existent pas.

En effet, une femme peut mentir, mais aussi tout simplement considérer, sans aucune malveillance, avoir été victime de faits "infractionnels", et ce de manière totalement erronée.

Pour moi, le danger existe à compter du moment où une accusation devient pour les magistrats professionnels une preuve, laquelle permet à elle seule d'asseoir une culpabilité et par conséquent une condamnation.

Randall Schwerdorffer estime que la justice est sexiste et que les hommes et les femmes ne sont pas égaux, aujourd'hui, devant une cour d'assises, qu'en pensez-vous ?

Je partage totalement l'analyse qui est faite par maître Randall Schwerdorffer, puisqu'au cours de ma carrière, j'ai pu être témoin de ce sexisme judiciaire dans plusieurs affaires criminelles que j'ai eu à traiter et où l'accusée était une femme.

Cette différence de traitement existe dès le stade du contentieux relatif à la détention provisoire.

En effet, un juge des libertés et de la détention placera plus facilement en détention provisoire un homme (cela est même quasi systématique) mis en examen pour des faits de meurtre sur conjointe ou concubine qu'une femme à qui il est reproché des faits identiques.

De même, si un placement en détention provisoire est décidé pour une femme, il sera beaucoup plus simple d'obtenir sa remise en liberté avec un placement sous contrôle judiciaire, que pour un homme.

Concernant le procès à proprement parler, je dirais que ce sexisme se ressent sur deux aspects :

• Dans la stratégie de défense d'une femme prévenue de faits criminels, tels que meurtre sur conjoint ou concubin, dès lors que j'ai pu constater que les magistrats tout comme les jurés, étaient davantage disposés à s'attarder sur les raisons du passage à l'acte, lesquelles peuvent en quelque sorte, le "légitimer".

À titre d'illustration, il sera plus simple d'exposer qu'une femme a commis les faits parce qu'elle était elle-même victime de violences. Argument qui est difficilement audible pour un homme.

• Dans les peines prononcées à l'encontre des femmes prévenues de faits criminels.

Je fonde mes propos notamment sur un procès lors duquel le cabinet assistait un homme qui avait été victime d'une tentative de meurtre de la part de sa femme qui lui avait tiré dans le dos à trois reprises.

Cette femme a été reconnue coupable de tentative de meurtre et, en répression, a été condamnée à la peine de cinq ans d'emprisonnement dont trois ans assortis d'un sursis simple.

Il est incontestable que cette peine est en totale inadéquation avec les peines requises, voire prononcées, à l'encontre des hommes prévenus pour des faits de même nature dès lors qu'il est aujourd'hui régulièrement prononcé à leur encontre la peine maximale prévue par les textes.

Vous avez assisté avec maître Estève et maître Schwerdorffer, monsieur Jonathann Daval. Quel est aujourd'hui votre regard sur cette affaire hors norme, médiatiquement parlant ?

Il s'agit d'une affaire médiatique sans précédent. Et pour cause : l'affaire Jonathann Daval a été une affaire qui aura suscité l'attention des médias tout au long du processus judiciaire : recherches d'Alexia suite à sa disparition (enquête), placement en garde à vue de Jonathann, confrontation, reconstitution, procès, audience sur les intérêts civils…

Cette affaire a pu être comparée à un feuilleton dans lequel chaque étape du processus judiciaire pouvait être assimilée à "un épisode".

Une série à la hauteur des attentes du public, eu égard aux rebondissements qu'a connus cette affaire, mais également en raison des personnalités des protagonistes.

En effet, toutes les parties de cette affaire ont suscité des réactions ou prises de position : Jonathann, sa famille, mais aussi la famille d'Alexia.

Si, par le passé, certaines affaires ont été suivies par les médias, cela était sans commune mesure avec l'affaire Daval. Sans doute parce que nous n'étions pas à la même époque, et que les médias n'avaient pas le même poids. Quant aux réseaux sociaux, ils étaient quasi inexistants.

L'affaire Daval est arrivée à l'apogée des réseaux sociaux et de ce que j'ai appelé supra les tribunaux populaires.

Je considère également que les chaînes d'information en continu ont largement contribué à la dimension hors norme de cette affaire car elles ont organisé à chaque étape du processus judiciaire des plateaux "en direct", lors desquels plusieurs professionnels étaient conviés afin de commenter à chaud le dossier.

Compte tenu du nombre de reportages et d'émissions qui ont été réalisés sur cette affaire, le public, et notamment les jurés, ont pu arriver au procès de Jonathann en ayant un a priori négatif à son égard.

Je pense d'ailleurs que cette médiatisation a pu desservir Jonathann, car les jurés ont vécu les rebondissements du dossier et ont pu avoir le sentiment d'avoir été "trahis" par ce dernier.

Les mensonges de Jonathann durant le temps de l'enquête, ainsi que la mise en cause de sa belle-famille au cours de l'instruction, ont été suivis en direct par la France entière, de sorte qu'indirectement, cela a pu avoir une incidence sur la peine qui a été prononcée à son encontre.

En tant qu'avocat, cette médiatisation a été très enrichissante.

Avant cette affaire, je n'avais absolument pas conscience du poids des médias au sein de la matière judiciaire et de l'intérêt que suscitaient les affaires criminelles dans l'opinion publique. Je n'avais d'ailleurs jamais imaginé que chacun des mots employés allait être analysé en direct sur des plateaux télévisés.

Au début de l'affaire Daval, j'ai trouvé que répondre « en direct » à de multiples médias était un exercice particulièrement compliqué, même lorsque l'on est avocat.

Je précise ce point car plusieurs personnes ont pu être étonnées de cette remarque en me disant : « Tu es avocat, tu as l'habitude de parler en public ».

Ce sont deux exercices totalement différents et je considère que celui devant les médias est moins aisé car la parole est justement moins libre que dans une enceinte judiciaire.

Par la suite, cet exercice médiatique est devenu plus simple, car j'ai compris que, finalement, je n'étais pas tenue de répondre à l'ensemble des questions qui m'étaient posées et que je restais "maître" dans ce ballet médiatique.

Chapitre 4

Le crime obsessionnel L'affaire Jean-Régis Julien : Quand un policier tue.

J'ai pour habitude de dire à l'attention des jurés dans les cours d'assises que nul n'est à l'abri de se retrouver un jour dans le box des accusés. Et que le profil de ceux qu'on juge n'est pas que celui de délinquants psychopathes dont personne n'est surpris de les voir en position d'accusé. Dans ce livre, il y a d'ailleurs des profils très éloignés de ce qu'on peut attendre d'un profil de criminel, à commencer par Yvon Octeau.

Au moment des faits, Jean-Régis Julien était policier. Plutôt un bon policier, qui aimait son métier, un de ceux qui s'engage dans la police par vocation. En février 2016, il était gardien de la paix en poste à Bagnols-sur-Cèze, non loin d'Alès. C'était un policier apprécié et respecté par ses collègues, il a trente-quatre ans, il était séparé de la mère de son fils, un petit garçon âgé d'un peu plus de deux ans et demi, et il était aussi pompier volontaire.

Son ex-compagne, Carine, était une jeune femme sans histoire. Elle était titulaire d'un baccalauréat en sciences économiques et sociales et, après un passage à l'Institut de formation aux métiers éducatifs de Nîmes, elle était devenue monitrice-éducatrice. À cette époque, elle était en CDI à la Maison d'accueil spécialisée Artes, à Chamborignard (Gard), qui accueille des personnes lourdement handicapées. Jean-Régis et Carine s'étaient rencontrés en 2011, Carine n'avait que vingt ans et, très rapidement, fin 2012, elle s'est retrouvée enceinte. Pour Jean-Régis Julien, cette grossesse n'était pas souhaitée. Trop tôt pour lui, assurément, d'ailleurs Jean-Régis Julien avait vainement tenté de convaincre Carine d'avorter, ce qu'elle avait refusé.

Le couple s'est éloigné et leur relation est devenue chaotique, Jean-Régis a des aventures extraconjugales et Carine a décidé naturellement de se séparer du père de son enfant. Une histoire, somme toute banale, de personnes sans aucun antécédent judiciaire et parfaitement insérés socialement. La relation a repris quelque temps après la naissance de leur enfant. La rupture définitive est intervenue en novembre 2014.

Le 27 février 2016, à 11 h 45, Jean-Régis Julien a franchi la porte du commissariat de police d'Alès avec son fils de deux ans et demi. Il s'est dirigé vers l'un de ses collègues de l'accueil qui l'a écouté, abasourdi par ce qu'il a entendu : « Je viens de tuer mon ex-compagne, Carine, avenue du maréchal Juin, au rond-point près de l'hypermarché Leclerc. Je vous rends mon arme ». Jean-Régis a donné son arme à son collègue.

Comment en est-on arrivé là ? Comment et pourquoi un policier qui avait, outre la vie devant lui, la carrière qu'il souhaitait, un petit garçon de deux ans et demi, une famille qui le soutenait, en est-il arrivé à tuer son ex-compagne, Carine, âgée seulement de vingt-quatre ans de trois balles dans la tête avec son arme de service ?

L'affaire a fait grand bruit, naturellement, un policier meurtrier, ce n'est pas commun. On en a parlé dans la presse nationale et lors de son premier procès à la cour d'assises de Nîmes, le 8 octobre 2020. Monsieur Jean-Régis Julien est condamné à la peine maximale, la perpétuité assortie de vingt-deux ans de période de sûreté pour le meurtre avec préméditation de Carine, c'est-à-dire assassinat.

Bien sûr, j'ai eu connaissance de cette affaire quand elle a été jugée par la cour d'assises de Nîmes, car cela fait partie des procès que l'on suit lorsqu'on est impliqué dans la défense pénale. On en a parlé au cabinet et, ce qui nous a surpris, c'est que l'avocat général avait requis trente ans dont vingt ans de période de sûreté, et non pas perpétuité assortie de vingt-deux ans de sûreté. Les jurés sont donc allés plus loin que les réquisitions de l'avocat général ! Jean-Régis Julien a pourtant été défendu par d'excellents avocats pénalistes, dont maître Jérémy Dilmi, (avocat que connaît l'un de mes collaborateurs pénaliste, maître Jules Briquet) et maître Clémence Cottineau, bref, une bonne équipe de défense pénale pour un dossier très difficile. Alors, la question que l'on se pose, c'est pourquoi cette peine maximale de perpétuité ? On a lu les articles des journaux et on a compris qu'en réalité, le procès a essentiellement reposé sur la notion même de «féminicide». Le procès d'un homme ignoble qui se croyait propriétaire de sa femme et qui a agi dans le cadre d'un acte purement possessionnel, a soutenu l'accusation. Les deux avocats de la défense ont essayé de ramener la cour d'assises sur Jean-Régis Julien, et d'écarter cet argumentaire du «féminicide», mais rien n'y a fait, on a jugé le «féminicide» et on a prononcé la peine maximale (comme s'il y avait un lien entre tous ces crimes commis par des conjoints ou des conjointes).

Les jours ont passé, on avait oublié cette affaire lorsque j'ai reçu un appel d'un certain monsieur Julien pour une affaire concernant son fils. C'était le père de Jean-Régis Julien. Au téléphone, j'ai entendu un homme dévasté par ce que son fils avait fait et qui essayait de l'aider par tous les moyens possibles. Lorsque je lui ai parlé, il émanait de lui la même émotion que s'il avait été le père de la victime. C'est ce que nous avions d'ailleurs ressenti avec Martine Henri, la mère de Jonathann Daval. Cette faculté extraordinaire que possèdent certaines personnes d'analyser objectivement ce qui s'est passé, et d'appréhender les conséquences dramatiques pour toutes les personnes impliquées de près ou de loin par les faits criminels, tout en soutenant dans l'épreuve judiciaire celui qui a tout détruit.

Martine Henri a décrit merveilleusement, et de façon très claire, à la journaliste du *JDD*, Plana Radenovic dans le livre, *Moi, maman de Jonathann*, ce que c'est que d'être la mère d'un meurtrier. Son quotidien, ses souffrances, le chaos provoqué par son propre enfant, dans sa propre famille, et malgré tout cela, faire face.

Monsieur Jean-Régis Julien a fait appel et il sera donc jugé devant la cour d'assises d'appel d'Avignon. Avec maître Ornella Spatafora, qui est désormais une habituée des procès difficiles, nous avons décidé d'accepter la défense de ce nouvel accusé et nous avons pris connaissance de tout le dossier criminel, mais aussi de tous les articles de presse concernant cette affaire. Nous savions à l'avance que l'ambiance serait tendue à Avignon, pour ce second procès, d'autant plus que pendant notre semaine aux assises, il y avait en parallèle le très médiatique dossier de l'ex-compagnon de Julie Douib, Bruno Garcia-Cruciani, en Corse.

Nous savions, avec maître Spatafora, que les avocats des parties civiles allaient faire entrer le procès Douib dans la cour d'assises d'Avignon en établissant le parallèle entre les deux affaires, au détriment de Jean-Régis Julien. Notre objectif en défense était très clair : sortir de la perpétuité. Nous étions très conscients que les faits en eux-mêmes étaient difficiles à défendre. D'abord, l'accusé était policier, il était celui censé défendre, protéger, pas tuer. Sa profession devenait très clairement une circonstance aggravante. Ensuite, il s'agissait de son ex-compagne et les débats dans les médias sur les «féminicides» étaient au paroxysme, surexploités par les écoféministes au moment où il a été jugé. Et puis il a tué sa femme alors qu'elle était au volant de son véhicule et que son fils était à l'arrière. On peut, je crois, difficilement être dans une position plus délicate en défense. Le seul avantage que nous avions eu c'est que la presse s'était concentrée sur l'affaire Douib, pas sur la nôtre.

L'accusé s'était déjà expliqué sur les faits durant l'instruction criminelle. Il avait déclaré qu'il avait voulu se rendre au domicile de Carine sans la prévenir pour voir leur fils. Sur le chemin, il avait croisé la voiture de Carine qui circulait en direction d'Alès et il avait exécuté un demi-tour pour la suivre. Alors qu'il se trouvait derrière elle, il avait percuté un trottoir et crevé un pneu avant. Malgré cette crevaison, il était parvenu, sur une centaine de mètres, à la rattraper et s'était positionné devant son véhicule pour la stopper, exactement comme l'aurait fait un policier en intervention. Il s'était avancé jusqu'à la portière de la voiture, avait vu son fils à l'arrière, puis avait tiré sans rien dire, trois fois. Devant le juge d'instruction, il a précisé qu'il avait visé la tête de la victime parce que c'est une zone "neutralisante" qui ne laisse aucune chance à la victime de s'en sortir. On peut dire que l'accusé avait fait preuve d'une grande franchise dans ses déclarations et qu'il n'a pas caché son intention criminelle lorsqu'il a été amené à s'expliquer sur les faits.

Alors, pourquoi en être arrivé là ? Encore un féminicide, un crime d'ego, un crime possessionnel, diront certains. En réalité, les mobiles méritent d'être distingués, différenciés, pour juger justement les accusés.

Très clairement, lorsque l'on reprend les quatorze mois qui se sont écoulés depuis la séparation entrer Carine et Jean-Régis, le mobile qui se dessine est différent de celui du crime possessionnel, mais encore différent du crime passionnel commis par Yvon Octeau. On se trouve là avec un mobile qui va se construire patiemment, durant quatorze mois.

En étudiant le comportement de Jean-Régis Julien, on se rend compte qu'il n'a jamais supporté la rupture avec Carine et pourtant, c'est lui qui l'a provoquée, notamment par ses nombreuses infidélités. Les recherches effectuées par les enquêteurs sur le compte Facebook de Carine permettent de se rendre compte qu'elle était très régulièrement sollicitée par Jean-Régis pour qu'ils reprennent leur relation. L'exploitation du téléphone portable de l'accusé permet également d'analyser son emploi du temps, et notamment de constater qu'un jour sur deux, à compter du mois de janvier 2016 jusqu'à la fin février, il se rend à son domicile et sur son lieu de travail, et cela plusieurs fois par jour. La veille des faits, il est allé au domicile de Carine plusieurs fois dans la journée et il est resté entre 2 h 23 et 2 h 55 devant chez elle. Pourtant, Jean-Régis Julien a des petites amies, y compris avant les faits. Il ne manque ni de conquête ni de satisfaction, d'un point de vue professionnel et personnel mais malgré cela, il n'allait pas bien. Il ruminait en permanence cette rupture. Plus le temps passait, plus il allait mal psychologiquement. Il a fait des efforts, repris le sport, essayé de prendre soin de lui, rien n'y a fait. Carine est devenue une obsession.

Les témoins ont été formels. Céline, une de ses amies, a déclaré que depuis la séparation, il ne parlait que de Carine et de son fils, elle a même précisé qu'il ne « pensait plus qu'à ça », en précisant qu'un mois avant, il l'avait appelée et lui avait dit : « Écoute, j'en ai marre. Je ne peux pas continuer comme ça, j'ai envie de la tuer ». Une ex de Jean-Régis, une certaine Sylvie, qui l'a fréquenté fin 2015, a déclaré qu'il envoyait toujours des messages à Carine pour lui dire qu'il l'aimait alors qu'ils étaient ensemble. Une autre de ses ex, durant cette période, Ornella, a fait, elle, état du fait qu'il était perturbé par ses relations avec Carine et qu'un jour il lui avait dit : « Si ça continue, je vais faire une connerie ». Tous les collègues policiers de Jean-Régis Julien ont confirmé aussi cet état de mal-être depuis leur rupture. La veille des faits, celui qui était encore policier a passé la soirée avec une amie rencontrée sur Facebook, une certaine Sandy. Vers 2 heures du matin, Jean-Régis s'est absenté pour revenir une heure plus tard. Il était allé en réalité se poster devant le domicile de Carine, il y est resté trente-deux minutes avant de retourner finir la nuit chez Sandy. Ce comportement était devenu tellement habituel que Carine avait fini par déposer plainte contre Jean-Régis, pour harcèlement, auprès des services de la gendarmerie le 21 février 2016, et pour appels téléphoniques malveillants.

Le lendemain, à 11 h 30, Jean-Régis Julien a abattu Carine de trois balles dans la tête, à bout touchant, avec son arme de service.

C'est une amie et confidente de l'accusé, qui avait parfaitement cerné ce qui se passait et qui a utilisé la première le terme “obsessionnel” pour qualifier la relation qu'entretenait, depuis leur rupture, Jean-Régis avec Carine. L'obsession, la rumination ont été le mobile du passage à l'acte. Durant son procès d'appel, l'accusé est parvenu à expliquer qu'effectivement, il avait perdu pied, qu'il était dans l'obsession permanente, ce qui naturellement rendait parfaitement logique le comportement qui avait été le sien. Ce qui est désolant dans ce type d'affaire, c'est que nous sommes confrontés à quelqu'un de tout à fait normal, qui n'arrive pas à gérer sa rupture et qui, malheureusement, n'a pas la démarche de se faire aider, notamment en ayant recours à un psychologue. L'expertise psychologique a révélé d'ailleurs qu'il présentait des traits de personnalité dépendante, laquelle se caractérise par un besoin général et excessif d'être en relation, ce qui conduit à un comportement soumis et "collant", à une peur intense de la rupture. Dans ce contexte, il a développé, après la séparation d'avec Carine, une humeur anxieuse et dépressive, à l'origine d'une douleur morale insupportable. Effectivement, c'est sur cette douleur morale intense sur laquelle on devait travailler avant les passages à l'acte, pour permettre la gestion mentale et psychologique de la séparation. Jean-Régis Julien n'a jamais eu conscience de son état psychique, il n'avait plus conscience que d'une chose, il souffrait de sa rupture et Carine en était la cause.

En toute hypothèse, je suis convaincu que dans des cas comme celui-ci, l'action homicide peut être évitée par l'intervention d'un tiers qui remet les choses à leur place. Malheureusement, Jean-Régis Julien n'avait pas les outils pour comprendre seul qu'il était en train de sombrer et qu'il avait perdu sa faculté de réflexion depuis plusieurs mois.

Il n'existe aujourd'hui que des approches pédagogiques concernant les violences conjugales, mais rien concernant le passage à l'acte criminel. Un homme comme Jean-Régis Julien n'était atteint d'aucune pathologie, tout comme Yvon Octeau. Il devait tout à fait être possible d'éviter ce type de comportement, ces passages à l'acte qui touchent aussi bien les hommes que les femmes, même si les médias résument tout cela à ce terme idiot, féminicide. À titre d'exemple, en 2018, il y a eu en totalité, selon les chiffres officiels du ministère de l'Intérieur (violences volontaires ayant entraîné la mort sans intention de la donner) 845 homicides (825 en 2017), tous types d'homicides confondus. Il y a eu 172 femmes impliquées dans ces homicides. Il y a en moyenne un peu moins de 20 % des femmes impliquées dans des homicides, et cela se retrouve dans les chiffres de passage à l'acte criminel sur conjoint. En 2018, il y a eu 121 femmes tuées par leur compagnon et 28 hommes par leur compagne. Pour l'année 2021, les chiffres officiels sont 122 femmes tuées par leur compagnon (ou compagne) et 21 hommes tués dans les mêmes conditions. Les médias n'en parlent jamais, ou sauf dans des cas très exceptionnels, pour dédouaner l'auteur (affaire Jacqueline Sauvage / affaire Valérie Bacot), au travers du prisme suivant : dans leur cas, elles ont tué un monstre et elles ont eu raison, au point que François Hollande, dans le plus grand mépris d'une décision de la cour d'assises d'appel graciera Jacqueline Sauvage, condamnée à dix ans (comme Yvon Octeau) pour le reste de sa peine, grâce qui a mis un terme à sa détention, le tout dans une sorte de climat d'euphorie médiatique. Après tout, elle avait tué son mari, elle avait très bien fait.

Le sexisme judiciaire et médiatique d'aujourd'hui est en soi contreproductif. Parler de «féminicide» occulte le reste des passages à l'acte, y compris ceux commis au sein de couples homosexuels. La réalité, c'est que même si les hommes tuent plus fréquemment que les femmes, le problème n'est pas le sexe de celui qui tue, mais simplement le passage à l'acte en lui-même et, de façon plus fréquente, au moment des ruptures. C'est ce que l'on observe. La psychiatre et médecin légiste, Alexia Delbreil, du CHU de Poitiers, est une des seules à ma connaissance à avoir travaillé, comme le psychiatre Daniel Zagury, sur les conditions de ce passage à l'acte, ce que l'on appelle en droit l'*Iter Criminis* (le chemin qui mène au crime). Le constat, sans dénaturer ses travaux, c'est que ceux qui passent à l'acte ne sont atteints d'aucune pathologie mentale et qu'il serait donc en soi tout à fait possible de réduire ces passages à l'acte. Les solutions relèvent surtout de la pédagogie, que ce soient par des groupes de parole, mais aussi par des interventions de prévention dès l'école. Il est important de communiquer sur les risques qu'occasionnent les ruptures, que ce soit dans le cas des homicides mais aussi des suicides, des conduites addictives. Force est de constater qu'il n'y a pas, aujourd'hui, de vraies réflexions et d'investissements en ces matières préventives, et ce n'est pas vraiment une question de coût financier. Il n'est pas anodin de constater qu'Yvon Octeau ou que Jean-Régis Julien n'étaient pas violents avec leur compagne. Le passage à l'acte violent, tout comme celui de Jonathann Daval d'ailleurs, ne s'inscrit nullement dans des violences conjugales habituelles, même occasionnelles, mais dans un moment de crise du couple et très souvent lors de la séparation.

Après les faits, le constat est dramatique : deux familles dévastées, un enfant orphelin de sa mère et dont le père est l'homme qui a tué sa maman. La famille de Carine ne se remettra jamais de sa mort. Un homme qui avait un avenir devant lui, qui exerçait le métier qu'il avait choisi, qui aurait sans aucune difficulté pu continuer sa vie avec une autre compagne, et sûrement être très heureux. Au lieu de cela, il y a le chaos et une peine de prison à perpétuité.

Le jour où l'on a plaidé avec maître Ornella Spatafora, le verdict est tombé dans l'affaire Douib : perpétuité.

Bien évidemment, les jurés étaient au courant et, en rentrant chez eux le soir, ils ont vu tout ce qui se disait dans les médias autour de ce procès. Impossible d'y échapper. Eux aussi avaient à juger un homme qui avait tué son ex-compagne. On savait que cela pouvait peser très lourd sur l'issue du procès.

Les avocats des parties civiles ont fait systématiquement référence à l'affaire Douib pour en faire le pendant parfait de l'affaire Jean-Régis Julien avec, en toile de fond, ce message implicite distillé aux jurés : confirmez la perpétuité, c'est le même féminicide que celui de Julie Douib. Ils ne l'ont pas dit aussi directement, mais nous l'avons tous entendu.

L'avocat général n'est pas rentré dans des comparaisons qui n'avaient d'ailleurs pas leur place dans une cour d'assises.

On jugeait l'affaire Julien, pas l'affaire Douib, qu'on ne connaissait d'ailleurs qu'au travers des médias. Les réquisitions ont été les mêmes qu'en première instance : trente années de réclusion criminelle. Cela n'était pas fait pour nous rassurer, vu le précédent jugement à Nîmes. Avec maître Ornella Spatafora, nous avons plaidé le crime non pas passionnel, mais le crime obsessionnel, en demandant à la cour d'assises d'appel d'Avignon de ne pas faire d'amalgame entre les affaires dont on parle dans les médias et la nôtre. Nous avons terminé notre propos en plaidant l'infirmation de la décision de condamnation à la perpétuité prononcée par la cour d'assises de Nîmes. Tout l'enjeu du procès était là, nous en étions tous très conscients.

Après trois heures de délibéré, la cour d'assises d'Avignon a infirmé la décision de première instance et condamné Jean-Régis Julien à trente ans de réclusion criminelle pour l'assassinat de Carine.

Interview de maître Jules Briquet

Qui êtes-vous maître Jules Briquet?

J'ai prêté serment au barreau de Besançon le 30 janvier 2019. Á cette même date, j'intégrais le cabinet d'avocats fondé par maître Randall Schwerdorffer. La semaine suivante, il m'envoyait plaider, au tribunal correctionnel de Vesoul, un dossier où il était reproché une multitude d'abus de faiblesse au prévenu. C'est comme ça, au cabinet, on apprend le métier en se confrontant rapidement aux audiences.

Dès mes débuts, j'ai été sensibilisé à une défense pénale proactive et de chaque instant. Une défense d'action au cours de laquelle l'avocat ne doit pas attendre l'audience pour se manifester mais intervenir à tous les stades de la procédure, que ce soit par le biais d'observations, de demandes d'acte, de confrontation, de contre-expertise etc.

Depuis 2020, je consacre exclusivement mon activité au droit pénal et à la procédure pénale. À cette occasion, j'interviens et plaide aux côtés de maîtres Pichoff, Spatafora et Schwerdorffer tant devant les tribunaux correctionnels que devant les cours d'assises.

En parallèle, j'enchaîne les commissions d'office et les permanences pénales.

Vous êtes un jeune avocat pénaliste, est-ce que c'est compliqué aujourd'hui de défendre un homme accusé du meurtre de sa compagne ?

Il a été, il est et il sera toujours difficile de défendre un homme accusé du meurtre de sa compagne. De manière générale, c'est toujours une tâche ardue de défendre une personne accusée d'avoir enlevé la vie à une autre.

Actuellement, est-ce que la perception que l'on a du meurtre sur conjoint a évolué ? Probablement. Les violences faites aux femmes n'ont pas toujours été au cœur du débat public et au centre des préoccupations politiques. Les peines prononcées dans ce type de dossiers ont également augmenté ces dernières années. En ce sens, on pourrait considérer qu'il est plus difficile de défendre un homme accusé du meurtre de sa compagne en 2023 qu'il y a dix ou vingt ans. Est-ce un mal que cette perception ait évolué ? Pas sûr. Une chose est certaine : la seule nature du crime ne doit pas occulter le reste, ni interdire tous propos ou toutes réflexions. On ne peut pas faire fi du contexte, des circonstances, des conditions du passage à l'acte ou encore de la personnalité de l'accusé. Chacun de ces éléments doit pouvoir être abordé et débattu pleinement à l'audience. À mon sens, on ne prononce pas la peine maximale contre une personne en raison du seul fait que la personne tuée serait son conjoint.

Qu'est-ce que de jeunes avocats pénalistes comme vous pensent du mouvement MeToo et de « Balance ton porc » ?

Pendant trop longtemps, les parties civiles ont été reléguées au rang d'accessoire. Elles étaient les grandes oubliées du procès pénal. La procédure pénale se déroulait sans elles. Il a fallu attendre la loi du 15 juin 2000, renforçant la présomption d'innocence et les droits des victimes, pour que ces dernières puissent enfin faire entendre leurs voix.

Les mouvements MeToo et « Balance ton porc » participent à la libération de la parole des victimes. Celles et ceux qui auparavant se sentaient seuls (et peut-être parfois honteux, à tort) se savent aujourd'hui plus soutenus et autorisés à s'exprimer. En cela, les mouvements MeToo et « Balance ton porc » ont participé à une révolution qu'il convient de saluer.

En revanche, il faut garder à l'esprit que la justice institutionnelle telle que nous la connaissons, existe dans le but de se substituer à la vengeance privée, et ainsi l'éviter.

Ces mouvements ne doivent donc pas dériver et devenir l'occasion pour une victime de se faire une "justice numérique" à elle-même.

De la même façon, toutes les plaintes et dénonciations n'aboutissent pas nécessairement à une condamnation. On a le droit d'en penser ce que l'on en veut, mais c'est comme ça, et ce phénomène ne se limite pas aux violences sexistes et sexuelles, mais s'étend à tous les types d'infraction. Toujours est-il qu'en cas de contestations, des voies de recours légales existent. En cas de classement sans suite, de non-lieu, de relaxe ou d'acquittement, les mouvements MeToo et « Balance ton porc » ne doivent pas devenir une "voie de recours numérique" qui autoriserait l'ouverture d'un nouveau procès, qui serait lui-même numérique.

Enfin, dans une société où le droit à l'oubli est au cœur des débats, les dénonciations publiques sur internet interrogent plus que jamais sur le respect de la présomption d'innocence, laquelle est, et doit rester, constitutionnellement garantie.

Pensez-vous que les cours d'assises soient influencées par les médias ou l'opinion publique ?

Oui, nécessairement. C'est pour cela qu'il faut être vigilant et prudent à propos des informations qui circulent, et ce d'autant plus que ce phénomène "d'influence" s'étend au législateur.

Il n'est pas rare qu'une loi soit adoptée, parfois dans la précipitation, en réponse à un fait divers ayant ému l'opinion publique.

Les lois ne devraient pourtant pas être dictées par l'émotion.

Actuellement, dans certains dossiers, j'ai parfois la sensation qu'à l'instar d'une campagne politique destinée à promouvoir un candidat ou un parti, une campagne juridique est menée afin de promouvoir auprès de l'opinion publique une certaine vérité à propos d'une procédure pénale toujours en cours. La justice doit pourtant se rendre dans les prétoires, et non sur les plateaux de télévision.

Dans une telle hypothèse, le travail de la défense à l'audience sera de se concentrer uniquement sur le dossier, de confronter les éléments de la procédure avec ceux qui ont pu fuiter dans la presse, lesquels sont souvent loin de la réalité.

D'autant que les dossiers d'assises sont jugés par des jurés populaires, lesquels ont parfois pu se forger une opinion basée exclusivement sur des articles de presse.

C'est un biais qui peut être dangereux et contre lequel nous devons nous battre à l'audience.

Maître Randall Schwerdorffer estime que les femmes criminelles sont beaucoup moins lourdement condamnées que les hommes, qu'en pensez-vous ?

Sans en tirer de généralités, j'ai pu constater au cours de mon exercice professionnel qu'hommes et femmes n'étaient pas toujours sanctionnés de la même façon. Je n'émets aucun jugement de valeur sur ce point. À mon sens, il n'y a pas à juger de si c'est bien ou mal, juste ou injuste, mais simplement avoir l'honnêteté de reconnaître l'existence d'une situation.

Vous êtes, paraît-il, féru de procédure pénale, pouvez-vous nous expliquer l'intérêt de travailler sur la procédure pénale dans les dossiers ?

En schématisant, on peut dire qu'il existe deux types d'arguments : les arguments factuels et les arguments juridiques.

Les premiers peuvent être interprétés de différentes façons, ils peuvent être qualifiés de subjectifs. Les seconds tirent leur force de la loi, laquelle s'impose aux juges, ils peuvent être qualifiés d'objectifs. Les arguments proceduraux (la procédure pénale) appartiennent à cette deuxième catégorie.

À mon sens, dans une enceinte judiciaire, il n'y a rien de plus efficace qu'un argument juridique. Les juges sont avant tout des hommes et des femmes de loi. Ils sont tenus de la faire appliquer, mais ils doivent également la respecter.

Pour exploiter ces arguments juridiques devant les juges, il convient d'abord de les identifier en réalisant une lecture minutieuse des dossiers et des différents actes de procédure qui les composent. C'est un exercice de précision et qui demande beaucoup de temps et de concentration.

L'intérêt d'identifier les difficultés procédurales est multiple :

– Obtenir l'annulation des poursuites, et donc l'absence de condamnation de son client ;

– Faire annuler un élément de preuve qui mettrait à mal la défense ;

– Introduire un rapport de force, permettant d'affaiblir le dossier de l'accusation.

Malgré la mauvaise presse que peuvent avoir les stratégies de défense basées sur les vices de procédure, il convient de rappeler que le respect des règles procédurales, tant lors de l'enquête que du jugement, est le garant d'un état de droit et d'une société démocratique.

Au même titre que la fin ne justifie pas les moyens, la recherche de la preuve et la culpabilité d'un individu ne justifient pas la violation de ses droits fondamentaux.

Qu'est-ce qui est le plus compliqué aujourd'hui dans votre travail de défenseur ?

Selon moi, le plus difficile aujourd'hui, c'est d'avoir parfois le sentiment de ne pas être écouté. C'est une chose de ne pas être entendu, mais une autre de ne pas être écouté.

Le métier d'avocat est une profession de persuasion. On juge un avocat notamment à son aptitude à convaincre, à l'oral ou à l'écrit, donc à être entendu par les juges et jurés.

Naturellement, l'avocat ne convainc pas toujours et n'obtient parfois pas le résultat escompté, mais c'est à l'issue d'un débat contradictoire au cours duquel il a pu développer ses arguments, partager son point de vue, ses convictions, et donc être écouté.

Alors même que l'avocat tire de la loi une immunité de plaidoirie, certains dossiers sont parfois plus compliqués à traiter, notamment car il est plus difficile de s'exprimer à leur sujet, et ce pour diverses raisons : la nature de l'infraction, les circonstances du passage à l'acte, la qualité de la victime, l'actualité, etc.

Il m'est parfois arrivé de ressentir que l'audience était jouée d'avance. Qu'une conviction s'était déjà forgée avant même l'ouverture des débats et que, malgré les arguments, plaidés ou débattus, rien n'y changerait. Dans une telle situation, l'avocat, tel le Don Quichotte de Cervantes, se bat contre des moulins à vent. Sortir d'une salle d'audience avec la sensation de ne pas avoir été écouté et être renvoyé à un sentiment d'inutilité : c'est cela le plus difficile.

L'affaire « Abdelli », est à ce jour l'une des plus marquantes de votre jeune carrière d'avocat pénaliste.

En effet, monsieur Abdelli était renvoyé devant la cour d'assises pour une tentative de meurtre.

Dès la lecture du dossier, j'ai été très rapidement convaincu de son innocence, conviction que j'ai toujours à l'heure actuelle.

Pour autant, cela n'a pas empêché sa condamnation en première instance par la cour d'assises de Haute-Saône à la peine de quinze ans de réclusion criminelle.

Il aura fallu attendre son procès en appel, en juin 2022, pour que son innocence, qu'il clame depuis 2013, soit enfin reconnue.

Maître Spatafora et moi-même avons été profondément marqués par cette première condamnation, et nous avons repris le dossier dans son intégralité, point par point, afin d'obtenir la seule décision qui s'imposait, son acquittement.

Pour un avocat de la défense, il n'y a pas d'exercice plus difficile que de défendre une personne dont nous sommes convaincus de l'innocence.

Ce que je retiens de ce dossier, c'est notamment que la justice est capable de se tromper, dans un sens comme dans l'autre, avec parfois des conséquences dramatiques, en particulier la privation de liberté d'un innocent. Évidemment, j'avais conscience de ces limites, et j'en avais conscience avant même d'avoir défendu monsieur Abdelli, mais je l'ai vécu personnellement au travers de ces deux procès.

Il existe une profonde différence entre la conscience d'une situation et le fait de la vivre personnellement. Cette affaire a été une épreuve, notamment psychologique, autant qu'une victoire, et je remercie maître Spatafora pour sa détermination et son soutien.

Avant-propos nécessaire avant d'aborder les deux prochaines affaires (père Lagnien et docteur F.).

MeToo ou Mytho ?

Avant-propos nécessaire avant d'aborder les deux prochaines affaires (Lagnien et F.).

Je ne commencerai pas ce chapitre en disant que je suis féministe. Cela suffit, j'en ai plus qu'assez de devoir légitimer mon discours en courbant l'échine devant certaines hystériques qui m'écoutent avec un couteau entre les dents.

Je ne dirai pas non plus, comme pour m'excuser d'avance, que le mouvement MeToo a quand même permis de libérer la parole des femmes. Cela fait plus de vingt ans que nous sommes sortis de la société patriarcale en Occident. Cela fait maintenant plus de vingt ans que l'on prend parfaitement en considération les plaintes de femmes qui se disent victimes de viols et c'est bien évidemment ainsi que cela doit être. Nous sommes dans la normalité des choses et l'évolution sociale qui a permis aux femmes d'être les égales des hommes est une réussite et ne doit rien du tout au mouvement MeToo.

Il ne doit rien aux féministes d'aujourd'hui non plus, elles ne font que bénéficier du courage de leurs aînées telles que Simone

Veil, Gisèle Halimi, Régine Deforges, et toutes les autres qui ont pris des risques pour imposer cette égalité dans une société longtemps hostile à l'égalité.

On y est arrivé depuis désormais un temps certain. Les femmes sont partout, aux plus hauts postes de l'État, aux plus hautes responsabilités dans les administrations, les entreprises. Plus représentées que les hommes d'ailleurs dans la justice, dans le médical et tant d'autres professions. Alors que veulent les féministes d'aujourd'hui, celles qu'on appelle désormais les écoféministes, apparues dans le courant des années 1970 sous la plume de Françoise Aubonne et son manifeste: «le féminisme ou la mort! »? Le sujet sur l'écoféminisme est vaste tant il existe de courants différents, mais celui qui prédomine en France est celui porté par certaines femmes plus que radicales dans leurs propos et qui ne cessent de présenter l'homme comme un prédateur économique, social, écologique et naturellement sexuel. L'oppression des femmes en tant que problème systémique n'existe pas en France, c'est une aberration que d'affirmer le contraire. Il existe, de façon isolée et marginale, comme l'oppression de certains hommes par certaines femmes, d'ailleurs. Cela n'est pas en lien avec les valeurs actuelles de notre société, valeurs acquises par la plupart de nos concitoyens. Les hommes et les femmes sont égaux en droit. Ils ont aussi des différences et ce qui sous-tend l'action de ces radicales du féminisme, c'est de dégenrer la société, la création du terme "iel" en est l'exemple le plus parfait, sachant que, me concernant, je suis tout à fait à l'aise avec la société genrée telle qu'elle l'est et que je ne souhaite pas utiliser ce pronom ridicule et hybride.

La doxa qui nous intéresse ici, c'est celle du mouvement MeToo, né en 2007 et médiatisé à outrance à partir de 2017, et l'hashtag « Balance ton porc » lancé en 2017 par la journaliste

Sandra Miller, qui favorise la dénonciation de certains comportements allégués de façon le plus souvent péremptoire, sur les réseaux sociaux.

Le 9 février 1950, aux États-Unis, un sénateur américain, du nom de Joseph McCarthy, lance la chasse aux sorcières contre les collaborateurs communistes qui noyautent la société américaine et en particulier l'industrie cinématographique. Le parallèle se fait, les communistes (prédateurs sexuels) sont partout, les dénonciations publiques via les journaux et la télévision (qui se ferait aujourd'hui sur les réseaux sociaux) sont encouragées. Elle est salutaire pour la cause et pour lutter contre les communistes (aujourd'hui, les prédateurs sexuels) tout est permis. Au moindre soupçon, à la moindre accusation, on perd son emploi, on est expulsé, mis au ban de la société, voire pire (l'affaire Rosenberg).

MeToo et «Balance ton porc» c'est le Maccarthysme d'aujourd'hui, on est entré dans la chasse aux "sorciers", et ce sont des sorcières qui mènent la danse. La preuve, c'est qu'une simple accusation suffit à détruire une carrière, comme en 1950 aux États-Unis. Voici une liste de noms d'hommes présumés innocents et pourtant écartés de la société sur de simples accusations. Rappelons qu'une accusation n'est qu'une accusation, pas une preuve, pas une condamnation. Le problème c'est qu'aujourd'hui une accusation est devenue une preuve au travers du prisme de ce mouvement, lorsqu'une femme accuse. «Pourquoi mentirait-elle?» penseront (malheureusement trop souvent) certains juges. C'est terrifiant! Comment se défendre, alors, d'un point de vue médiatique, professionnel et in fine judiciaire, dans un tel contexte hystérique. Des noms, j'avais oublié mais en voilà quelques-uns:

- Nicolas Hulot.
- Ary Abittan.

- Tariq Ramadan (acquitté en Suisse).
- Patrick Poivre d'Arvor.
- Damien Abad.
- Jean-Jacques Bourdin.
- Gérard Depardieu.
- Jean Lasalle et, tant d'autres… et d'autres à venir.

On trouve même un site qui fait la liste de quarante "porcs", et qui s'intitule "Sens critique.com-liste des porcs". L'administrateur du site précise : « Liste de personnalités accusées d'agressions sexuelles, de harcèlement sexuel, de violences conjugales ou de féminicides – Je laisse les commentaires ouverts, merci de rester respectueux et de ne pas tenir des propos : – sexistes. – Homophobes/ Transphobes. – Insultants. – Remettant en question les témoignages des victimes. » etc.

Il est bien dommage que des livres comme *J'ai menti*, de Virginie Madeiras et La *Petite Menteuse,* de Pascale Robert-Diard n'aient pas plus d'écho dans l'opinion publique. En tous les cas, on oublie juste de rappeler la présomption d'innocence de ces soi-disant "porcs", surtout, au-delà du mépris le plus total de cette présomption qu'on ignore délibérément (après tout, quand on accuse des "porcs" on a tous les droits), c'est cette petite directive « ne rien publier qui remettrait en cause la parole des victimes ». Pour le sens critique, on repassera, mais bon, quand la cause est soi-disant juste, le crétinisme est manifestement autorisé. Cette petite phrase veut simplement dire que, ne serait-ce que d'oser remettre un tant soit peu en cause la parole d'une victime (plaignante serait plus juste d'ailleurs), c'est INTERDIT.

Si ce sont là les grands bouleversements bénéfiques de MeToo et de « Balance ton porc »… cela fait affreusement peur. Le concept est a minima fasciste et au mieux moyenâgeux.

En effet, là, nous pouvons parler de société matriarcale et non plus patriarcale et ni l'une ni l'autre ne sont acceptables.

D'ailleurs, si l'on pose la question de façon simple et claire: quelles sont les lois ou les droits aujourd'hui qui bénéficient aux hommes et qui ne bénéficieraient pas aux femmes? La réponse dans notre pays est: aucune (ce qui en dit long sur l'utilité actuelle du féminisme).

En revanche, si on pose la question de savoir quelle parole compte plus, celle d'une femme qui accuse ou d'un homme qui conteste? Je laisse à mes lecteurs le soin de répondre !

La parole d'une femme peut détruire la vie d'un homme sans autre forme de procès, sur une simple accusation. Si ce n'est pas de la violence et de la bêtise, qu'est-ce que c'est comme concept ?

Heureusement qu'il y a des tribunaux, des cours d'assises où l'on n'interdit pas aux avocats de remettre en cause la parole des plaignantes et qui, au contraire de chercher à uniquement valider une accusation, vont chercher à déterminer la réalité ou pas (n'en déplaise aux extrémistes du genre) de la parole de la plaignante, le tout dans le respect de la présomption d'innocence, mais aussi des droits de la plaignante, et après un processus contradictoire (mot étranger au mouvement MeToo et à « Balance ton porc », malheureusement).

On peut à ce stade rappeler utilement qu'il existe en France des commissariats de police, des gendarmeries, des procureurs de la République pour déposer plainte, et cela fonctionne très bien, surtout depuis une bonne vingtaine d'années pour ce type d'infraction, quoi qu'on en dise sur les plateaux de télévision. Il ne faut pas oublier que dans la justice, les femmes sont surreprésentées et sont naturellement à l'écoute de la problématique des violences en tous genres faites aux femmes, dire le contraire me semble insultant et faux. En réalité, depuis la création de MeToo et de « Balance ton porc » personne n'est à l'abri de la dénonciation (ou délation serait plus juste) et d'une nouvelle condamnation prononcée par une sorte de Tribunal de Salut Public : l'infamie. Seulement, que l'on se rassure, tout a une fin et il existe toujours, *in fine*, des vrais tribunaux.

Chapitre 5

L'affaire Daniel Lagnien : Le prêtre accusé de viol par une paroissienne.

Le 20 juillet 2010, un prêtre du nom Daniel Lagnien, alors âgé de soixante-six ans, qui officiait à la paroisse de Moirans-en-Montagne dans le Jura, est entendu par les gendarmes suite à une accusation d'attouchements sexuels et de viol dénoncés par une de ses paroissiennes, madame L.

En réalité, la plainte a pris d'abord la forme d'une lettre anonyme qui est arrivée le 18 juin sur le bureau de monseigneur Legrez et qui était signé « B », par une personne estimant avoir subi un viol par un prêtre, sans le nommer.

Plus tard, une paroissienne l'a appelé et lui a demandé de rencontrer sa fille qui n'allait pas bien psychologiquement et qui refusait d'aller à la messe. Le prénom de cette jeune femme commençait par B, le rapprochement a été facile à faire.

Le 21 juin, monseigneur Legrez a reçu la jeune femme, âgée de trente-six ans, célibataire, qui lui a expliqué avoir été victime d'attouchements de la part du père Lagnien dans le bus qui les conduisaient à un pèlerinage. Elle a expliqué qu'afin de dissiper tout malentendu, elle s'était rendue chez lui pour clarifier la situation, mais qu'une fois entrée à l'intérieur, il l'avait violée, sans apporter aucune précision sur ce qu'elle aurait réellement subi. Après avoir exigé du prêtre des excuses, qu'il a faites en adressant une lettre de pardon pour le mal qu'il avait pu faire, la plaignante avait voulu des excuses plus circonstanciées, en présence de tiers. Le père Lagnien n'a pas donné suite à cette demande. Par la suite, le vicaire général puis l'évêque avaient rencontré successivement le père Lagnien et il avait réitéré sa demande de pardon face aux fautes qu'il avait commises. Naturellement, tous ces éléments ont été transmis aux gendarmes, le courrier échangé entre le père Lagnien et la plaignante, ainsi que la lettre anonyme. L'enquête a pu commencer pour les gendarmes et elle n'allait pas être très compliquée, bien sûr, vu l'aveu du prêtre mis en cause.

La garde à vue se passe bien pour les gendarmes, même très bien. Le père Lagnien n'est pas assisté d'un avocat lors de ses auditions, Il a un casier judiciaire vierge et c'est la première fois qu'il est placé en garde à vue à la gendarmerie et, forcément, ça impressionne. Lorsqu'on lit son premier procès-verbal d'audition, il est immédiatement passé aux aveux. Il n'y a même pas eu de questions à lui poser. Selon le procès-verbal, il s'est confié dès sa première audition sur le fond. Une perquisition pour la forme (quand même, on est dans un dossier criminel) ne donne rien, à part quelques bouteilles que l'on va quand même prendre en photo ! Cela fera toujours bien dans les investigations et puis, c'est bien connu, les prêtres, ça aime bien boire un verre.

J'ai été appelé par la permanence du parquet de Besançon pour assister le père Lagnien lors de sa présentation au juge d'instruction. Je ne connaissais rien à l'affaire, mais je n'ai pas été déçu en la découvrant. On m'a informé, on m'a donné la copie du dossier et, effectivement, ce n'était pas commun, un prêtre accusé de viol sur une de ses paroissiennes (majeure).

J'ai rencontré le prêtre qui m'attendait sagement, un peu groggy, dans les geôles du palais de justice. Je lui ai posé quelques questions et je me suis rendu immédiatement compte que non seulement il n'était pas préparé mentalement pour affronter ce qui était en train de se dérouler et, surtout, qu'il n'avait aucune conscience de la gravité de la procédure dans laquelle il se trouvait. Tout ce qui se passait pouvait le conduire à de très nombreuses années en prison. Ce qu'il a avoué, en réalité, c'était un flirt et un rapport sexuel consenti, mais qu'il regrettait puisque cela avait fait souffrir sa paroissienne. Mais ce n'est pas ce qu'on lui reprochait, on lui reprochait un rapport sexuel imposé à une femme qui n'était pas d'accord, ce dont il aurait dû avoir conscience. Expliqué comme cela, j'ai changé la position de la défense devant la juge d'instruction, quelque peu surprise, puisqu'elle a des aveux dans le dossier en garde à vue! Dont acte. Lors de son interrogatoire de première comparution, le père Lagnien est revenu sur ses aveux. L'instruction va continuer comme cela après que le père Lagnien a été mis en examen pour agressions sexuelles et viol sur personne vulnérable (la plaignante avait une sonde gastrique au moment des faits).

Ce que la plaignante a décrit, ce sont des faits où le Père Lagnien aurait tenté de l'embrasser à la sauvette à deux reprises, de lui avoir mis sa main entre ses cuisses (sur son pantalon) lors du voyage pour aller en pèlerinage, dans le bus transportant les paroissiens, et un fait de viol chez lui où il l'aurait partiellement déshabillée puis violée en introduisant ses doigts dans son sexe.

L'instruction a continué dans cette logique du fait que le père Lagnien a avoué en garde à vue (peu importe qu'il se soit rétracté par la suite devant le juge d'instruction et que ses aveux aient été passés hors de la présence d'un avocat). De plus, la partie civile a fait valoir des éléments importants lors de son audition devant le juge d'instruction. La plaignante aurait été vierge, elle n'aurait jamais subi de pénétration pénienne, mais qu'en plus des faits dénoncés, elle aurait été victime de deux autres agressions sexuelles par le passé, l'une avec un jeune homme qui lui donnait des cours de soutien et l'autre avec son moniteur d'auto-école. Décidément! À la fin du processus, le procureur de la République a demandé le renvoi du père Lagnien en correctionnelle, donc une correctionnalisation de l'affaire. J'étais persuadé que le dossier avait des faiblesses et j'ai vraiment eu des doutes sur les accusations dont faisait l'objet le prêtre. J'ai écrit au juge d'instruction ce que l'on appelle une «lettre d'intention» et je lui ai fait savoir que si l'on considérait que les attouchements n'étaient pas consentis, alors la pénétration encore moins, il fallait être cohérent. Donc, soit la juge ordonnait un non-lieu, soit elle renvoyait aux assises. Le choix était risqué, mais j'ai choisi de procéder ainsi.

Quelques semaines après, la réponse de la juge d'instruction est tombée, ce seront les assises à Lons-le-Saunier. J'ai aussitôt prévenu le père Lagnien, il était résigné sur son sort et j'ai même eu le sentiment qu'il ne croyait pas du tout dans une issue qui lui serait favorable au procès. Après tout, l'Église et la Justice l'avaient bien traité en coupable depuis le début, ne serait-ce que sur les seules déclarations de sa paroissienne, pourquoi en serait-il autrement au procès ?

À l'époque, j'avais l'habitude de travailler certains dossiers criminels délicats avec maître Estève excellent pénaliste dijonnais avec qui j'ai fait l'école d'avocat à Dijon au début du siècle, et que j'ai sollicité par la suite pour nous aider dans l'affaire Daval.

Samuel a accepté d'intervenir à mes côtés. Il a pris connaissance du dossier et m'a livré ses impressions: « Ça ne va pas être facile, cette affaire. On a les aveux qui vont être difficiles à gérer, et les expertises de la victime nous sont très, mais alors très défavorables. Enfin, cela vaut la peine d'essayer, je te suis. »

Nous voilà donc partis aux assises de Lons-le-Saunier en février 2014. Il y avait quelques journalistes dont un de M6. J'ai prévenu le père Lagnien de ne pas dire un mot avant le procès. Il était juste derrière moi quand je suis rentré dans le palais de justice et je ne pouvais pas empêcher le journaliste de M6 de l'interpeller, micro et caméra à la main, de l'apostropher : « Père Lagnien, vous vous sentez comment ce matin avant votre procès ? » La réponse est tombée : « Oh là là ! On est dans la merde ! » Bon, tant pis, mais quelque part je me suis dit que c'était un homme d'Église, il n'était pas plus préparé pour répondre à un gendarme qu'à un journaliste, et c'est assez logique. On savait déjà, avec Samuel, qu'il aurait beaucoup de mal à répondre aux questions qui lui seraient posées devant la cour d'assises. Ce n'était pas lui pourtant notre ligne de défense. C'était son accusatrice et les aveux.

Le procès s'est tout d'abord cristallisé sur le directeur d'enquête, et le gendarme qui a recueilli les aveux du père Lagnien a été catégorique : « Il a tout avoué spontanément sans être interrompu, il avait besoin de soulager sa conscience, je pense ». Le président de la cour d'assises, Antoine Brugère, connu pour son impartialité, lui a demandé de le confirmer, c'était un point important. Il a confirmé sans hésiter.

Ce n'est pas du tout l'information hors dossier que nous avions. Le père Lagnien n'était pas un menteur, il nous a confirmé qu'en réalité on lui a expliqué que ce qu'il avait fait était un viol et que c'est pour cela qu'il avait fait des aveux, dans son intérêt et dans celui de sa paroissienne. En tout cas, on lui a fait comprendre cela. L'avantage, c'était que les auditions du mis en cause étaient filmées en matière criminelle. On a donc décidé avec Samuel d'attendre qu'il soit entendu sur les faits par le président pour remettre en cause la validité de ces aveux.

Le procès a avancé et cela a été au tour de l'expert psychologue de la paroissienne de venir faire part de son analyse de la plaignante. Ce qui allait en ressortir, c'est essentiellement que le discours était "cohérent" et que le ressenti émotionnel était "en accord avec le récit". Pour l'expert : « Ses agressions sexuelles antérieures ont provoqué un profond traumatisme psychique empêchant toute vie professionnelle et ont perturbé sa vie affective et relationnelle, d'où son repli total dans la prière et la foi religieuse. On note un rapport à l'autre et à l'intime problématique, qui est vécu comme une intrusion dans un système défensif rigide. Concernant son intelligence, elle est tout à fait normale. L'expert précise que les nouveaux faits dénoncés ont fortement accentué ses traumatismes antérieurs, mais que tous les troubles dont elle souffre n'ont en aucun cas altéré sa parole qui "apparaît crédible".

Les déclarations de l'expert psychologue ont été confortées par l'intervention de l'expert psychiatre qui a ajouté à l'expertise psychologique un point très important: il a constaté chez la plaignante "des troubles graves de la personnalité", à savoir "une personnalité de type psychotique caractérisée par une désocialisation, une déconnexion par rapport à la réalité, une absence d'élaboration avec tendance au passage à l'acte", mais aussi des troubles alimentaires chronicisés, antérieurs aux faits dénoncés. L'expert fait état aussi d'une véritable phobie du contact et d'une "tendance à la maîtrise permanente et au perfectionnisme". Une fois de plus, l'expert psychiatre, comme l'expert psychologue, a conclu que les troubles psychiatriques dont souffre la plaignante "ne sont pas de nature à mettre en cause la crédibilité de ses déclarations en ce qui concerne les faits dénoncés".

Les problèmes étaient posés, et pour aller au-delà des simples accusations, la défense du père Lagnien reposait sur trois axes. Revoir le problème des aveux, revenir sur la notion de crédibilité, mais aussi les constatations de la médecine légale qui ont été totalement ignorées pendant l'instruction quant à la virginité de la plaignante.

Lors de l'interrogatoire du père Lagnien, le président est revenu sur les aveux du prêtre durant sa garde à vue. Ils étaient désormais contestés, mais il n'avait pas échappé au président Antoine Brugère que ces aveux avaient été passés en dehors de la présence d'un avocat comme le prévoit l'article préliminaire du Code de procédure pénale et donc, en tant que tel, ils ne pouvaient être opposés comme probants à la défense, d'autant plus qu'ils sont contestés. Une discussion s'est instaurée à l'audience avec le président et, très vite, tous les acteurs du procès sont arrivés à une convergence de vue : Il fallait visionner les aveux.

Après une courte pause, à l'occasion de laquelle nous savions que les jurés seraient en mode "curieux et intéressés", on a projeté l'audition de la garde à vue du père Lagnien. On l'a vu assis, mal à l'aise, devant deux gendarmes qui lui faisaient face. J'ai envie de dire, normalement mal à l'aise pour quelqu'un qui se retrouve plongé dans l'inconnu le plus total. Le directeur d'enquête lui a expliqué les faits reprochés par la plaignante. Le père Lagnien a mentionné que selon lui la plaignante était consentante, et que peut-être il s'y était mal pris ou qu'elle n'avait pas apprécié ce qui s'était passé, mais qu'elle était d'accord. Qu'il y avait eu entre eux un jeu de séduction et que sa visite chez lui n'était pas un hasard. Le directeur d'enquête l'a interrompu de façon respectueuse, cordiale, mais fermement : « Mon père, elle ne nous a pas dit qu'elle était d'accord, elle vous a dit non à plusieurs reprises. Elle souffre de la situation, vous lui avez fait du mal. Vous avez reconnu que vous l'aviez forcée dans votre lettre de demande de pardon que vous lui avez envoyée ? »

Le père Lagnien a perdu pied à ce moment. Les gendarmes étaient manifestement convaincus qu'il était coupable. Sa lettre est considérée comme une preuve matérielle de sa culpabilité et puis, un prêtre, ça n'a pas de rapports sexuels! Il s'est expliqué sur ce point et a précisé qu'en tant que prêtre diocésain, il avait naturellement une obligation de célibat, mais qu'il n'avait jamais prononcé de vœux de chasteté. Donc oui, il a déjà eu des relations sexuelles avec des femmes.

Les gendarmes sont revenus sur les accusations de la paroissienne, ils lui ont fait comprendre que c'était dans l'intérêt de sa paroissienne, mais aussi dans le sien qu'il reconnaisse sa culpabilité. Le père Lagnien s'est exécuté, dans tous les sens du terme. Oui, c'était vrai, elle ne voulait pas, il pensait que oui, mais... !

Les aveux sont signés. C'est acté. Sauf que devant la cour d'assises, ces aveux ont posé un problème majeur. Le directeur d'enquête avait bien précisé à deux reprises devant la Cour que les aveux étaient spontanés, et sur interrogation du président, il avait ajouté que personne n'avait interrompu le père Lagnien dans ses déclarations. C'était manifestement inexact. Rien d'illégal toutefois, mais ce n'est pas la réalité de ce qui s'est passé concernant des aveux qualifiés de spontanés.

Voilà une première preuve qui tombe.

Il nous reste à nous occuper du légiste et des experts psychologues et psychiatres. Après seulement, nous passerons au contre-interrogatoire de la partie civile.

Concernant les experts, tout notre travail d'avocats de la défense a été de revenir sur la notion même de "crédibilité". C'est quoi la crédibilité? Cette arme brandie par l'accusation et l'avocate de la partie civile. C'est le fait d'affirmer, en se reposant sur des experts, au travers du prisme de travaux reconnus, que la partie civile pouvait être crue lorsqu'elle accusait le père Lagnien, donc que ce n'était pas une affabulatrice. Son discours en termes d'accusation n'était altéré par rien de ce qu'on avait pu constater dans son historique de vie ou dans sa personnalité, et elle n'était pas mythomane ou menteuse, elle est crédible.

La passe d'armes a été complexe, mais incontournable. En échangeant avec les experts sur cette notion dangereuse, nous sommes parvenus à nous mettre d'accord sur quelques points fondamentaux.

D'abord, si l'on s'en tenait à cette notion de crédibilité, cela signifiait que la paroissienne ne mentait pas quand elle accusait. Donc, il n'y avait plus de procès si elle disait la vérité, le père Lagnien est alors coupable puisqu'elle le dit (ça, c'est la justice MeToo).

La vraie question, c'est comment des experts peuvent affirmer que quelqu'un est crédible. Les experts précisent que ce sont ses déclarations qui sont crédibles parce que son discours (ses mots) apparaissait comme cohérent dans le temps, l'espace, mais aussi par une récurrence de ses déclarations.

Très bien, mais nous sommes tous d'accord pour dire qu'un mensonge répété ne sera jamais une vérité parce qu'il est répété dix fois à l'identique. De plus, le seul matériel pour apprécier la "crédibilité" c'est en réalité une impression générale qu'a l'expert et rien d'autre. « Monsieur l'expert, êtes-vous capable de discerner qui dit la vérité ou qui ment ? Autrement dit, êtes-vous un détecteur de mensonges ? ». « Bien sûr que non, maître, je ne peux pas affirmer que lorsque la partie civile dit qu'elle a été violée, c'est vrai. Je n'en sais rien. »

On parvient effectivement à se mettre d'accord avec les experts sur ce point : crédibilité n'est pas synonyme de vérité ! Bien sûr que non. Les experts ne sont en aucun cas des détecteurs de mensonge, la plaignante pouvait naturellement avoir menti et ce n'était ni le travail ni la compétence des experts de se prononcer sur ce point, mais seulement à la cour d'assises dans la globalité des débats.

Le procès pouvait alors avancer, les choses restaient ouvertes. Le médecin légiste est arrivé à la barre. Une seule question se posait. Elle avait réalisé l'examen gynécologique de la plaignante et n'avait trouvé aucune trace de traumatisme.

Son interrogatoire a été très court, et nous avons eu avec maître Samuel Estève le sentiment que le président voulait nous laisser poser cette question importante, en termes de crédibilité, sur la virginité revendiquée par la plaignante.

« Madame l'expert, la plaignante affirme qu'elle est vierge. Est-ce que cela est conforme à vos constations médico-légales ? » L'expert a pris son temps pour répondre, elle était tout à fait consciente que sa réponse était très attendue. « Non, maître, elle n'était pas vierge médicalement parlant. »

Je n'en dirai pas plus, mais l'expert a précisé que, pour elle, il y avait déjà eu des pénétrations manifestement péniennes, ou en tout cas, de ce genre.

Maître Schwerdorffer : « Madame l'expert, la partie civile affirme qu'elle n'a aucune sexualité ni même un intérêt quelconque pour la chose sexuelle, pas de désir, rien. Qu'en pensez-vous ? »

L'expert a souri : « Elle est peut-être simplement dans le déni de toute sexualité, ce n'est pas du tout la même chose ».

Effectivement, le déni d'une sexualité aux antipodes de son engagement quasi mystique. Une sexualité vécue certainement comme le mal absolu, ce qui serait de nature à expliquer l'ambivalence de la situation lorsqu'elle est allée chez le père Lagnien, qu'elle savait parfaitement attiré par elle. Elle voulait, mais en même temps, elle ne voulait pas. Un être complexe et compliqué.

La plaignante est venue à la barre et son contre-interrogatoire a été déterminant quant à l'issue du procès. Sur les questions de la défense, et niant l'avis médico-légal, elle a confirmé qu'elle était vierge. Cela pose une véritable difficulté sur sa perception de la réalité. Les questions se sont enchaînées et notamment sur les agressions sexuelles qu'elle aurait subies.

L'avocat de la défense: «À chaque fois que vous avez eu une relation suivie avec un homme dans le cadre de votre vie (enseignement à domicile), leçon de conduite, puis à la paroisse avec le père Lagnien, avez-vous été agressée sexuellement?» La réponse est « oui ». Il va falloir revenir sur les faits. J'ai interpellé la plaignante sur l'agression qu'elle dit avoir subie dans le bus et que conteste fermement le père Lagnien.

Maître Schwerdorffer : «Comment s'est passée précisément cette agression que le père Lagnien conteste»?

La plaignante: «Nous étions dans le bus, j'étais assise seule et le bus était plein de paroissiens. Le père Lagnien s'est assis à côté de moi et il a mis sa main entre mes cuisses toute une partie du trajet en bougeant sa main».

Maître Schwerdorffer : «Mais vous n'avez rien fait, rien dit, alors que le bus était plein? Je vous précise d'ailleurs que certains passagers ont été entendus et personne, même à proximité de vous, n'a rien remarqué d'anormal ».

La plaignante: «J'avais mis mon sac sur sa main pour que personne ne voit rien, j'avais honte».

Je me suis dirigé vers les jurés en prenant mon sac, je me suis assis, j'ai posé mon sac sur mes jambes et j'ai expliqué que si, certes, on ne voit pas ma main, on voit forcément le bras de celui qui aurait sa main entre mes cuisses»! La plaignante a acquiescé, mais a maintenu ses déclarations (comme au sujet de sa virginité). En réalité, les témoins qui ont été interrogés sur ce voyage et qui ont parfaitement vu la plaignante et le père Lagnien, n'ont strictement rien remarqué. Même pas une simple gêne de la plaignante. On peut naturellement en déduire que c'est normal, si cela ne s'est pas passé, au contraire de ce que dit Mme L: «Je faisais comme si tout allait bien parce que j'étais gênée»!

Maître Samuel Estève est intervenu : «Madame, pourquoi, alors que le père Lagnien aurait essayé de vous embrasser à deux reprises contre votre volonté et vous aurait imposé, y compris en présence de tiers, une agression sexuelle dans un bus, vous êtes-vous rendue seule chez lui ? N'était-ce pas vous mettre en situation de danger ? ».

La plaignante : « C'est un homme d'Église, je ne pensais pas qu'il oserait faire quoi que ce soit » et maître Estève de lui préciser que manifestement, sa qualité d'homme d'Église ne l'avait pas empêché d'être, selon elle, plus qu'entreprenant, y compris en public ! Aller seule chez lui semble pour le moins surprenant.

L'interrogatoire est terminé, il restait à entendre la mère de la plaignante puis le père Lagnien. On a fait une pause, on a pris notre café avec un policier d'audience qui était un habitué des procès d'assises et il nous a dit : « Je n'y crois pas du tout, on a vraiment l'impression que c'est une jeune femme qui a un vrai problème avec la sexualité ». Il est vrai que lorsqu'on a posé la question à la plaignante : « Avez-vous déjà ressenti une attirance sexuelle pour un homme ou une femme, peu importe ? » Sa réponse a été lapidaire : « Jamais ! »

L'audience a repris, la mère de la plaignante est venue à la barre et là, on a peut-être un peu mieux compris pour sa fille et pourquoi elle était bloquée dans son existence. La mère a une personnalité extrêmement forte, voire écrasante. En tout cas, c'est ainsi qu'on l'a perçue avec Samuel et je pense que les juges et les jurés aussi. Elle a parlé de l'éducation de sa fille, religieuse, pieuse, comme elle. On a bien senti que les hommes n'avaient pas leurs places dans son discours et chez elles non plus.

Sa fille était en tout point parfaite, n'avait aucun problème, et surtout, elle a confirmé qu'elle ne manifestait aucun intérêt pour les hommes ou les femmes, ou la sexualité en général, ce qui était plutôt une bonne chose.

À la fin de l'audience, après une intervention stérile et décalée du père Lagnien dans le box des accusés, complètement écrasé par l'audience et l'accusation, l'avocate générale a requis une peine de cinq années de prison dont trois ans avec sursis. L'enjeu ce n'était pas la peine, c'était la culpabilité.

L'essentiel de nos deux plaidoiries a été, avec maître Samuel Estève, non pas de démontrer que la victime était une menteuse, mais que les ressorts de ses accusations étaient complexes, mais lisibles au travers des débats.

Voilà une jeune femme de trente-six ans qui serait sans désir aucun, selon sa mère : une jeune femme de trente-six ans, encore vierge, qui correspond d'ailleurs parfaitement à la fille idéale, qui vit toujours chez elle (elle avait trente-neuf ans au moment du procès), seule.

Voilà donc les accusations d'une jeune femme prise dans des contradictions violentes, entre la paroissienne pieuse, la fille modèle et la femme qui a des désirs qu'elle n'a pas le droit d'avoir. Sentiment de culpabilité, disait l'expert psychiatre. Oui, c'est certain. Déformation de la réalité, pour nous c'était évident. Le rapport qu'elle a eu avec le père Lagnien n'avait rien à voir avec son désir, d'ailleurs elle n'en avait pas, c'est lui qui lui a imposé un acte sexuel, elle, elle ne le voulait pas. Si elle a été violée, il n'y a plus de conflits intérieurs puisqu'elle ne désirait pas ce qui s'est passé. D'ailleurs, comment aurait-elle pu le vouloir, elle qui n'avait aucun désir sexuel ? Voilà une jeune femme qui avait des difficultés importantes et qui avait transformé inconsciemment une réalité pour assumer une situation impossible à assumer pour elle. Tous ces éléments, étudiés de façon approfondie devraient conduire à l'acquittement du père Lagnien.

La cour et les jurés sont partis délibérer.

Le 27 février 2014, deux heures après s'être retirée pour délibérer, la cour d'assises revient, le président Brugère prend la parole : « Monsieur Lagnien, vous êtes acquitté ».

Le père est resté longtemps incrédule, tant il avait la certitude que la justice humaine allait le condamner, comme son évêque d'ailleurs l'avait déjà condamné, et la *vox populi* aussi. Cela a été pour nous un véritable soulagement de le voir rentrer libre chez lui après ces quatre années d'épreuves passées sous contrôle judiciaire, dans l'angoisse d'un avenir incertain.

Les jours qui ont suivi, la procureure de la République de Lons-le-Saunier a fait savoir à la presse qu'elle ne fera pas appel de l'acquittement, pour épargner un nouveau procès à la victime. Comme quoi, même acquitté, et sans appel sur la condamnation, un homme reste toujours un peu coupable ! Ce qui est triste dans cette affaire, et dommageable, c'est qu'en réalité, on aurait pu éviter toute cette triste histoire en prononçant un simple non-lieu.

Avant de clôturer cette affaire délicate, je me suis rappelé que durant ces débats, j'avais été interpellé par le titre d'un article de *L'Est Républicain* en date du 27 février 2014, qui disait textuellement en parlant de l'accusé et de la plaignante : « Deux êtres sexuellement inexpérimentés ». Je pense que l'affaire Lagnien est plutôt bien résumée par ce titre.

Interview de maître Samuel Estève

Qui êtes-vous Samuel Estève ?

J'ai cinquante-quatre ans, je suis né à Dijon et j'y suis resté. J'ai été très tôt attiré par la fonction de défendre. Je ne saurais dire ce qui a suscité chez moi cet intérêt mais cela doit être lié à la conscience que j'ai eue, là encore assez tôt, du risque d'injustice auquel nous sommes tous exposés. J'ai dû être victime moi-même d'une injustice majeure en cours de récréation ! (rires). Sans doute aussi les effets d'une culture familiale. En 1981, j'avais douze ans et j'ai été nourri des échanges sur l'abolition de la peine de mort, toute ma famille étant viscéralement opposée à cette façon de régler le sort d'un criminel. Mon père m'avait fait lire *Le Pull-over rouge,* sur l'affaire Christian Ranucci, en m'expliquant que les juges pouvaient se tromper. Et précisément, l'injustice que je voulais combattre, c'était la plus grave, la plus insupportable : celle qui est instrumentalisée par l'État. J'ai ainsi fantasmé dès l'adolescence mon rôle d'avocat de ceux que tout accuse et me suis rêvé en combattant des erreurs judiciaires. J'ai prêté serment en 2001, et je pratique donc la défense pénale depuis vingt-deux ans. Outre mon cabinet dijonnais, j'ai un cabinet secondaire à Chalon-sur-Saône. J'ai trois associés, dont deux sont également pénalistes et font partie du département pénal de la structure. Je suis par ailleurs père de quatre enfants, dont le plus jeune a deux ans et demi et le plus âgé vingt ans.

Vous êtes un avocat pénaliste connu et réputé, pourquoi intervenir, comme dans l'affaire Lagnien, avec Randall Schwerdorffer ?

Randall n'est pas seulement un confrère. C'est aussi et avant tout un ami. Nous nous sommes connus à l'école d'avocat et nous avons un parcours assez similaire. Nous avons développé notre activité de pénalistes dans deux régions différentes, mais de manière parallèle et dans un timing identique. Nous nous connaissons bien et nous savions que nous pouvions travailler ensemble, ce qui ne va pas de soi. Les pénalistes ont généralement un ego volumineux, qui prend toute la place. Ils peuvent avoir du mal à partager "l'affiche", si je puis dire... Nous n'échappons pas, Randall et moi, à cette problématique de l'ego ! Disons que nous la gérons mieux que certains. Enfin, surtout moi... (rires). Sur des dossiers délicats, où des acquittements devaient se plaider et où la pression était grande, nous avons joint nos forces. Cela a été le cas pour le procès Lagnien. Outre le plaisir qu'il y a à défendre ensemble, le fait d'être deux apporte du confort, une sécurité dans les choix stratégiques, une plus-value par la complémentarité des interventions de chacun. Cela allège tout simplement le poids de l'épreuve judiciaire que l'avocat porte bien souvent seul dans les procès criminels.

Étiez-vous confiant sur l'issue du procès Lagnien et quelle a été votre stratégie ?

On n'est jamais confiant sur l'issue d'un procès, à de très rares exceptions près. Surtout s'agissant d'assises. C'est beaucoup trop aléatoire. C'est bien ce qui rend la justice si dangereuse ! Au procès Lagnien, la problématique était circonscrite, comme dans beaucoup d'affaires de viol quand les faits ne sont pas reconnus, à la question du consentement de la plaignante et des éléments susceptibles de prouver qu'il y avait contrainte. Les faits de nature sexuelle étant par ailleurs matériellement acquis, il fallait donc convaincre que l'accusé n'avait forcé personne... Deux angles d'attaque : la plaignante et les enquêteurs. La plaignante, paroissienne assidue, avait une personnalité très particulière et nous espérions qu'elle échoue à l'épreuve de la barre... son audition par la cour et son contre-interrogatoire par la défense lui ont été fatals sur le plan de sa crédibilité. La question de la fiabilité de l'enquête était aussi cruciale, puisque le père Lagnien (qui était donc curé de ladite paroisse, rappelons-le !) avait, d'après l'enquêteur venu déposer à l'audience et à la lecture des procès-verbaux, avoué en garde à vue le caractère non-consenti des actes qu'il avait portés sur la plaignante... Les aveux sont toujours une difficulté pour la défense, parce que quoi qu'on en dise, ils sont déterminants dans le processus qui mène à la condamnation. Les auditions étant filmées en matière criminelle, il a été décidé, avec la cour, de visionner la vidéo des fameux aveux prétendument spontanés. Choix risqué mais en l'occurrence décisif, puisque l'on a pu tous constater que les enquêteurs avaient très clairement encouragé le gardé à vue à avouer les faits, tout en se gardant bien sûr de retranscrire ces encouragements dans les procès-verbaux. Indépendamment de la question du comportement des enquêteurs qui posait problème, on ne pouvait plus conclure des auditions de l'accusé qu'il avait avoué les faits de viol qu'on lui reprochait. C'est tout ce qui comptait.

Vous avez été l'un des avocats de Jonathann Daval, quel est votre sentiment sur cette affaire ?

C'est une affaire malheureusement ordinaire qui est devenue exceptionnelle par l'emballement médiatique qu'elle a généré.

Les mensonges originels de Jonathann Daval ont évidemment une part essentielle dans le processus, puisque ces mensonges ont activé le fantasme collectif et puissant du prédateur et de la joggeuse, tandis que le dossier a changé de physionomie de façon spectaculaire, Jonathann Daval passant du statut de veuf éploré à celui d'auteur du crime en un tour de main. Les mensonges qu'il a malheureusement produits en cours d'instruction ont rajouté encore un peu plus de sensationnel...

Les mensonges, quand ils ne tiennent pas, nuisent forcément au mis en cause même s'ils n'ajoutent rien à la gravité du crime. Et, bien évidemment, la médiatisation de ces mensonges majore leur effet dévastateur sur l'idée qu'on peut se faire de la personnalité du criminel, six témoins de ce triste spectacle étant, au final, tirés au sort pour être jurés au procès. Les jurés n'ont pas découvert Jonathann Daval à la cour d'assises, ils le connaissaient déjà très bien !

Il est bien certain que si Jonathann avait immédiatement appelé la police et avoué son crime, les choses auraient été radicalement différentes. Pour tout aussi grave qu'il était, le crime n'aurait probablement pas été puni à la même hauteur et personne n'aurait entendu parler de cette affaire.

Le problème de la médiatisation, surtout dans les proportions qu'elle a prises ici, c'est qu'elle permet le jugement du mis en cause avant le procès. Il a fallu défendre Jonathann sur la place publique. C'est ce qui a été tant reproché à Randall. Mais il devait le faire pour tenter d'enrayer cette machine infernale qu'on ne pouvait plus arrêter.

Qu'est ce qui est le plus complexe pour un avocat de la défense, aujourd'hui, dans les cours d'assises ?

Sans nul doute le contre-interrogatoire. C'est l'exercice le plus délicat et, en même temps, l'outil le plus important.

Mais ce n'est pas nouveau. En France, à la différence de ce qui se pratique chez les Anglo-Saxons, les avocats ne sont guère formés au contre-interrogatoire et c'est regrettable. Quand on maîtrise cette technique, cela peut être décisif lors d'un procès. Bien souvent, tout se joue durant les débats. Il est rare qu'on fasse basculer un dossier au stade ultime de la plaidoirie. La plupart des acquittements que j'ai obtenus, à de rares exceptions près, ont été scellés durant les débats.

Combien avez-vous eu d'acquittements et quel est votre plus grand souvenir de cour d'assises ?

Je ne les ai pas comptés (je vous assure que c'est vrai), non, bien sûr, qu'ils soient trop nombreux (rires), mais parce que je n'ai pas eu cette préoccupation. De la même manière, je n'ai jamais fait de press-book, comme certains de mes confrères. Je ne communique pas davantage via les réseaux sociaux. Mon cabinet a un site internet, mais je ne m'en occupe pas et je ne l'ai même jamais visité !

Pour avoir un acquittement, encore faut-il le plaider. Nous plaidons beaucoup de dossiers où les faits sont acquis et où l'objectif ne consiste qu'à limiter autant que faire se peut le quantum de la peine.

Je dirais entre dix et quinze, dont un certain nombre en équipe avec Randall.À vrai dire, je n'ai pas de “grands souvenirs” d'assises, j'ai plein de petits souvenirs de moments intenses, de flashs... Chaque procès d'assises est un moment exceptionnel, en termes d'enjeu, d'intensité et de pression. Je pourrais vous parler de ce fou-rire nerveux irrépressible que j'ai eu avec Randall durant tel procès ou de cette immense émotion qui n'a lâché personne durant tout le procès de cette femme accusée d'infanticide... il n'y a pas de souvenir plus grand que d'autres.

Que pensez-vous aujourd'hui de l'influence de MeToo et de « Balance ton porc » dans la justice ?

MeeToo et « Balance ton porc » sont de redoutables outils de délation. Que de tels outils aient pu aider à libérer la parole des femmes, pour reprendre l'expression consacrée, et aient contribué à un débat d'intérêt général et à une évolution des mentalités, très bien. Mais ces outils peuvent faire des dégâts considérables en désignant une personne à la vindicte publique. C'est une sorte de pilori. Et il est d'autant plus "efficace" que la dénonciation est virale. Je n'aime pas le principe du pilori. Je ne le veux pas pour un homme qui a vraiment fauté. Je le veux encore moins pour celui qui n'a rien fait ou rien qui justifie que l'on détruise sa vie au plan social et professionnel. Or le problème est là : la nuance et la vérité n'intéressent pas les réseaux sociaux. Dès lors qu'un homme est désigné comme auteur d'un comportement déplacé à l'égard d'une femme, quel que soit ce comportement, il est un "bourreau" ou un "prédateur", tandis que la femme est une "victime souffrante, humiliée, dévastée, détruite..." Et la *fama*[1] somme la justice de réagir. Justement, dans ce contexte et face à l'ampleur du mouvement, que fait notre justice ? Elle a, me semble-t-il, tendance à surréagir, que ce soit au stade de la plainte et de l'enquête, voire au stade du jugement, de la même manière que l'État et le législateur adaptent l'arsenal répressif, dans l'objectif affiché de "lutter plus efficacement contre les violences faites aux femmes ". Tant les consignes des procureurs que les dispositions législatives qui ont été prises ces dernières années tendent, si elles sont appliquées sans nuance, à soumettre des hommes, présumés innocents, à des mesures qui peuvent être d'une très grande violence (garde à vue, détention provisoire, contrôle judiciaire, exclusion du domicile conjugal) avant tout

1. En latin : rumeur, opinion publique [NdÉ]

procès, et même avant tout début d'enquête. Le problème de la surréaction judiciaire, c'est qu'elle peut entraîner une sorte de relâchement dans le respect des principes fondamentaux qui contribue à faire de notre justice pénale une justice sécure, c'est-à-dire une justice qui garantit le mieux possible contre l'erreur, une justice qui doit absolument, contrairement aux réseaux sociaux, s'intéresser à la vérité et à la nuance, peu importe l'urgence qu'il y aurait à répondre à tel ou tel objectif de politique pénale. La société aurait pu choisir de considérer les femmes comme des êtres plus faibles, plus vulnérables pour des raisons physiologiques, mais elle a choisi, à juste titre, de poser en principe l'égalité hommes/femmes. Il s'ensuit qu'on ne peut pas traiter juridiquement une femme comme une personne vulnérable (comme on le fait pour les enfants ou les majeurs protégés). Il faut en tirer les conséquences et respecter ce principe en matière de justice pénale.

Il n'y a donc pas de justice spécifiquement réservée aux femmes victimes. Il ne doit pas y en avoir. Il y a des hommes et des femmes victimes, qu'il faut évidemment protéger et défendre. Il y a des circonstances agravant le délit ou le crime, comme le fait par exemple d'être conjoint de la victime. Mais une gifle donnée à une femme par un homme n'est pas, en soi, plus grave qu'une gifle donnée à une femme par une femme, qu'une gifle donnée par une femme à un homme ou qu'une gifle donnée par un homme à un homme. Dans le même ordre d'idée, tout le monde peut mentir, même les femmes. Par conséquent, la prudence s'impose en permanence, même à l'égard d'une femme qui dénonce. À l'égard de ce qu'elle dénonce, je veux dire. Pas de présomption de vérité quand c'est une femme qui se plaint.

Si on garde le cap dans ce domaine, sans répondre aux sirènes d'un certain féminisme, la justice sera bien rendue.

Pensez-vous que la présomption d'innocence est préservée en France ?

Pas suffisamment. La présomption d'innocence est mise à mal quand les éléments d'une enquête ou d'une instruction deviennent publics et que le mis en cause est, au stade d'une simple plainte ou d'une enquête préliminaire, nommément désigné dans le cadre d'un journal télévisé, par exemple, voire d'une émission entièrement consacrée à l'affaire qui le concerne, même si le journaliste rappelle sans cesse que la personne qu'il nomme et qu'il désigne comme le mis en cause est "présumée innocente". La difficulté, c'est que les principes du secret de l'enquête et de l'instruction, qui devraient permettre à la présomption d'innocence d'être respectée, entrent en conflit avec d'autres principes fondamentaux, comme la liberté d'expression et la liberté de la presse. Mais c'est surtout à l'occasion des placements des mis en examen en détention provisoire que la présomption d'innocence est remise en question. Plus de 30 % des détenus de ce pays sont des détenus à titre provisoire, c'est-à-dire des personnes "présumées innocentes" et non encore jugées. Alors que la loi définit la liberté comme le principe, et la détention comme l'exception, on assiste à un total renversement de ces règles, la détention provisoire devenant quasi systématique, dès lors qu'un juge d'instruction la demande. Ce n'est pas nouveau et sur ce point, la création en 2000 d'un juge des libertés et de la détention n'a pas apporté les garanties attendues. La détention provisoire est trop souvent utilisée comme une pré-peine, alors que la culpabilité de l'intéressé n'est pas encore judiciairement établie. Il faut circonscrire davantage les possibilités de placer en détention. C'est surtout sur ce point que je souhaiterais qu'on réforme de manière déterminante

Qu'est-ce que vous aimeriez voir changer dans le traitement des affaires criminelles ?

Je ne suis pas favorable au changement qui s'est déjà opérés s'agissant de la création des cours criminelles.

Ce qui fait la spécificité et l'intérêt des assises, c'est que l'on est devant des jurés, autrement dit des gens ordinaires. Quand les faits sont contestés, la problématique est la plus souvent strictement factuelle. Or les gens ordinaires font de très bons juges du fait. En revanche, le choix de la peine juste, c'est un métier. Celui des juges. Mais le changement dont je rêve, il est radical : c'est l'évolution de notre système inquisitoire (le juge a la maîtrise du procès) vers un système accusatoire (les parties ont la maîtrise du procès) ou d'inspiration anglo-saxonne. Au stade de l'audience d'assises, le président serait un simple arbitre de l'affrontement contradictoire entre accusation et défense, tandis que l'accusation serait tenue, non par un magistrat, mais par un fonctionnaire ordinaire, qui serait naturellement formé à l'exercice du débat criminel, mais qui serait au même niveau que l'avocat de la défense et de la partie civile.

Mais nous n'en sommes pas là !

Chapitre 6

L'affaire du docteur F. : Le médecin généraliste accusé de viol par une patiente.

Mon associée, maître Jérôme Pichoff, est entré dans mon bureau, un lundi matin, juste avant notre réunion pour préparer la semaine et essayer de gérer les difficultés à venir. Il m'a parlé d'un dossier criminel compliqué : celui du docteur Michel F.

Le docteur F. était médecin généraliste à Auxonne, près de Dijon. Il a soixante-sept ans et doit être jugé aux assises de la Côte-d'Or pour des faits de viol sur une de ses patientes commis à l'occasion de ses visites thérapeutiques.

L'affaire n'est pas banale et on est dans la mauvaise période pour ce type d'accusation. Le docteur F. doit être jugé en mai 2019 et, depuis deux ans, l'effet délétère de MeToo se fait ressentir dans les prétoires. Le discours s'est hystérisé. On entend partout, y compris sur les plateaux de télévision, qu'il faut croire la parole des femmes qui accusent, et que si une femme dénonce des faits de viol c'est qu'elle les a réellement subis, qu'il faut sortir *du victim bashing* ignoble qui consiste à remettre en cause la parole des accusatrices et à incriminer ces dernières concernant leurs comportements. En bref, un discours idiot et dangereux. Dans un procès, et comme dans tout procès, tout doit être étudié, y compris la déposition de la plaignante, n'en déplaise aux esprits faibles.

Le docteur F. était un médecin passionné par son travail. Il exerçait sans compter ses heures ni ses déplacements. Il était toujours disponible pour ses patients. Il avait installé son cabinet à Auxonne en 1977 après ses études de médecine et a toujours exercé en individuel. Il avait aussi pratiqué sa science comme médecin des pompiers de 1997 à 2015, ainsi qu'au foyer pour personnes handicapés à l'ADAPEI (L'Association Départementale d'Amis et de Parents d'Enfants Inadaptés).

L'enquête de personnalité, la fameuse cote B, a fait ressortir un homme particulièrement apprécié et entièrement dévoué à la médecine : les mots utilisés pour le décrire sont : “intègre”, “droit”, “sérieux et discret”, que ce soient par ses patients, ses amis, ses confrères ou sa famille.

Seulement voilà, le docteur F. était un homme, rien qu'un homme, et aussi parfaite que soit la description qui était faite de lui, il avait un secret. Pas deux ou trois secrets, un seul, relativement banal, d'ailleurs. Il avait une maîtresse occasionnelle depuis quelque temps. Cette maîtresse avait une particularité, c'était une de ses patientes, et si le docteur F. était un homme discret en général, il l'était aussi concernant cette relation adultère, c'était d'ailleurs conforme à sa personnalité.

En juin 2014, une femme du nom de Brigitte L., âgée de soixante-sept ans, a déposé plainte à l'encontre de son médecin traitant, le docteur F., pour viols. Elle a expliqué aux gendarmes qu'elle a eu quatre ou cinq rapports sexuels forcés entre juin et septembre 2013, uniquement lors de consultations à son domicile. En effet, elle connaissait certains problèmes de santé, une surcharge pondérale, un problème au genou et à l'épaule. Rien d'extraordinaire. Mais elle a précisé également qu'elle a été mise sous curatelle renforcée depuis le 9 juillet 2013, procédure initiée par le même docteur F.

La curatelle, ce n'est pas une tutelle. La curatelle renforcée est ordonnée par un juge qui désigne un curateur, notamment pour tout ce qui concerne les dépenses exceptionnelles ou ordinaires de la vie courante. La personne sous curatelle peut voter, travailler, sortir librement, se marier, etc.

Pour les gendarmes, l'équation était simple : une femme sous curatelle qui a des relations sexuelles avec son thérapeute, c'était forcément illégal. Elle a décrit tous leurs rapports sexuels avec beaucoup de détails, en expliquant qu'elle s'était opposée à ces rapports, mais que son état de santé l'empêchait de s'opposer physiquement à son agresseur, et que, vu son statut de médecin il lui précisait systématiquement que si elle l'accusait, « personne ne la croirait ». Elle a ajouté des précisions importantes à la fin de sa plainte, choses qu'elle avait oubliées et qui lui sont revenues en mémoire suite à l'évocation des faits. En janvier 2014, alors qu'elle se trouvait dans sa cuisine, le docteur F. avait tenté de baisser son pantalon, mais elle avait refusé et il ne s'était rien passé, il n'avait pas insisté ! C'est assez surprenant pour un violeur d'obéir au refus de sa victime !

Elle a précisé qu'elle s'était d'abord confiée à ses deux aide-ménagères puis, pour que cela s'arrête, à sa curatrice. Il faut dire qu'elle était mariée et que son mari, étant hospitalisé, elle ne l'aurait jamais trompé (naturellement).

L'enquête a suivi son cours, le docteur F. a été entendu et a contesté avoir forcé de quelque façon que ce soit sa patiente.

L'affaire a été rapidement clôturée, puis renvoyée devant le tribunal correctionnel de Dijon, où le docteur F. va être jugé pour agressions sexuelles. À l'audience du tribunal de Dijon, coup de théâtre, le tribunal correctionnel a refusé de juger l'affaire, comme il en avait le droit (article 461 alinéa 1 du Code de procédure pénale), et a estimé qu'il s'agissait d'une affaire criminelle et pas correctionnelle. Le 15 février 2016, le tribunal a renvoyé le dossier au procureur de la République qui a saisi un juge d'instruction de Dijon par un réquisitoire introductif en date du 1er mars 2016 pour des faits de viols sur personne vulnérable.

Le docteur F. a alors compris qu'il était dans une situation judiciaire qui devenait compliquée. On était désormais en instruction criminelle et c'est là que mon associé, maître Jérôme Pichoff, est intervenu, heureusement d'ailleurs. Le docteur F. ne connaissait pas la justice, il ne savait absolument pas se défendre face à de telles accusations. C'était un homme attristé par la situation, et totalement désarmé, mais il allait livrer une information capitale à mon associé. Cela faisait de très nombreuses années qu'il suivait la plaignante et, d'ailleurs, c'est grâce à lui que la fille de la plaignante avait pu être sauvée des griffes de son père qui l'avait violée pendant des années. Cet homme avait été condamné à douze ans de réclusion par la cour d'assises pour viol sur mineur par ascendant. Maître Jérôme Pichoff a demandé au juge d'instruction de se faire transmettre la procédure. Il sera le seul à l'étudier. L'instruction s'est passée sans surprise, la plaignante a maintenu ses accusations, le docteur F. a maintenu ses dénégations. L'instruction a été clôturée et il a été renvoyé aux assises.

C'est difficile à vivre, pour un innocent, d'être accusé à tort, subir l'opprobre social, voir toute sa vie exposée au grand jour. Tout cela est d'une violence inouïe. On n'en parle jamais dans les médias de ces vies brisées par des accusations mensongères. Il fallait bien que quelqu'un en parle. C'est chose faite.

L'innocent est accusé à tort sauf que, pour l'instant, il n'est pas innocent, il est présumé innocent, ce n'est pas du tout la même chose et c'est vrai, mais c'était juste mon sentiment quand je l'ai rencontré avec mon associé, après avoir étudié son dossier pour préparer l'audience de la cour d'assises.

L'ambiance était étrange dans la cour d'assises de Dijon. Le président n'était pas comme à son habitude, parfaitement impartial. Très vite, on s'est accrochés sur le point de savoir si un médecin avait le droit d'avoir des relations sexuelles avec sa patiente ! En principe, à l'époque, ça ne l'est pas. Rien dans le code de déontologie des médecins ne leur interdit d'avoir des relations sexuelles avec une patiente. L'audience a dérivé. Comment un médecin pouvait-il avoir une relation équilibrée avec une patiente, d'autant plus si elle n'avait pas fait d'études et était donc issue d'un milieu social inférieur ? L'emprise est arrivée, celle qui permettait de comprendre que la plaignante n'avait pas osé déposer plainte, n'avait pas pu s'opposer à son agresseur. La plaignante était-elle vulnérable ? Cette femme sous curatelle renforcée était quelque part vulnérable (ou prodigue) ! Le docteur F. en a-t-il profité ? La partie civile n'était pas présente à l'audience en raison de son état de santé, elle était représentée à l'audience par une avocate en charge de ses intérêts. Il nous était donc impossible de lui poser les questions sur la procédure concernant sa fille qu'elle n'avait jamais soutenue !

Durant une matinée complète, le président, après avoir visionné les photographies de l'appartement de la plaignante, a laissé la photo de son lit médicalisé sur le grand écran de la cour d'assises.

Pour mon associé et moi-même, nous étions dans la morale et non dans le droit. Ce n'était pourtant pas le genre du président de la cour d'assises, mais pour cette affaire on était dans la morale et pas dans une cour d'assises. Le président a interpellé l'accusé : pourquoi n'y avait-il pas d'échange de SMS entre eux ? Pourquoi ne lui avait-il jamais offert des fleurs ou ne l'avait-il jamais invitée au restaurant ? Pourquoi aucun cadeau ? Toutes ces questions afin de remettre en cause la nature même de la relation mise en avant par le docteur F. Une relation épisodique reposant de façon ponctuelle sur des rapprochements charnels. Un moment pour eux… tout simplement. Mais non, l'histoire d'un médecin et d'une roturière était en soi déséquilibrée. De plus, malade, comment pouvait-elle s'opposer à son médecin ? On pourrait estimer que ce qu'il a fait n'était pas bien, pas conforme à la morale, cela n'en fait pas pour autant un violeur.

Le docteur F. s'est présenté à la barre pour son audition. Il était tétanisé par la cour d'assises, il n'a répondu presque que par oui ou par non. Il a perçu que l'ambiance générale de la cour lui était manifestement hostile.

Le verdict est tombé rapidement. Quatre ans de prison fermes. Le docteur F. n'a pas bougé, il n'a rien dit. Il a été arrêté à la barre par l'escorte et placé en détention provisoire. Il a soixante-sept ans, sa vie venait de s'effondrer. Mon associé et moi-même, sommes complètement abasourdis par ce verdict. Comment était-ce possible ? Que s'était-il passé pour en arriver là ?

Dès le lendemain matin, la décision a été prise. Nous ferons appel et déposerons une demande de mise en liberté devant la chambre de l'instruction de Dijon. Quelques semaines plus tard, le docteur F. a été libéré de prison après deux mois d'incarcération, et placé sous contrôle judiciaire, enfin. On allait pouvoir préparer l'appel sereinement.

Notre travail en appel consistera à combattre des idées préconçues, un jugement moral, bref des combats contre des a priori.

Un an plus tard, nous étions à la cour d'assises de Chalon-sur-Saône, en appel. La cour d'assises était présidée par une présidente, madame Caroline Podevin. Je ne l'avais pratiquée qu'une seule fois avant ce procès, mais en partie civile et les débats avaient été de qualité. Tant mieux, peut-être sera-t-il plus facile pour une femme de sortir de certains clichés qui font les beaux jours des ambassadeurs de l'emprise du mâle, prédateur par nature. Pour ce procès, il y avait une différence avec le premier. La sœur et la belle-sœur de la plaignante avaient été citées comme témoins. Leurs témoignages devaient être mieux exploités, nous semblait-il, que par leur simple lecture. Nous avons tenté de faire citer la fille de la plaignante, mais impossible de la retrouver.

Le procès s'est déroulé tranquillement. J'ai tendance à comparer un procès où les faits sont contestés, à cette épreuve fantastique qu'est le Tour de France. Il y a les étapes de plaine, il y a les étapes de montagne et les contre-la-montre. Dans un procès, on sait très bien quand on va attaquer le mur d'Hautacam ou le Tour Mallet, ou quand on va faire la promenade des Champs-Élysées.

Dans l'affaire du docteur F., l'épreuve de montagne, c'était la curatrice, et l'épreuve de plaine c'était l'expert psychologue du docteur F., qui avait considéré sa relation avec la plaignante comme déséquilibrée et source d'emprise. L'épreuve qui ferait ou non la différence, ce serait la belle-sœur et la sœur de la plaignante.

Les débats ont été très honnêtes, pas de morale, pas de préjugés. La différence sociale, et alors ? Depuis quand ne doit-on fréquenter que des gens de son milieu social ? D'ailleurs, si l'on inverse les choses, dans une société où l'on prône l'égalité, un ouvrier ne pourrait pas avoir une relation avec une femme médecin généraliste, y compris s'il est son patient ? On sort de la morale, les fleurs, les SMS d'amoureux etc., la présidente enfonce le clou, l'âge, le milieu social, les pratiques des uns et des autres, ce n'est pas ce qui doit être jugé « la seule question que doit se poser la cour d'assises, c'est celle prévue par la loi, du consentement ou pas de la plaignante ». Bien. Nous allions pouvoir travailler dans un vrai procès, en dehors de toute morale ridicule et toxique, et c'est ce qu'on allait faire.

La curatrice de la plaignante était à la barre. On l'a interrogée : « Comment avez-vous appris les faits dénoncés par la plaignante » ?

Au travers de ses réponses, on s'est rendu compte que c'étaient les aides-soignantes qui l'avaient informée qu'elle entretiendrait probablement des relations sexuelles avec le docteur, sans plus de précisions. Choquée d'apprendre cela, la curatrice avait alors questionné la plaignante, qui lui avait confirmé ce point, en lui précisant qu'il s'agissait de son médecin. La curatrice nous a fait part qu'elle avait été choquée que madame L. ait pu encore avoir des relations sexuelles à soixante-sept ans, malade et souffrant d'un sérieux embonpoint, et qu'elle lui avait fait remarquer.

Concernant cette fameuse remarque, elle a convenu à la barre que c'était sur le ton du reproche qu'elle l'avait adressée et que ce n'est que plus tard que la plaignante lui avait dit qu'elle n'y était pour rien, qu'elle ne pouvait pas s'opposer au docteur F.

Choquée, pourquoi ? En quoi le fait que la plaignante ait eu des relations sexuelles, y compris à soixante-sept ans, regarde-t-il sa curatrice ? En rien, ni en fait ni en droit. C'est consternant, mais ça procède d'une logique actuelle délétère où on considère la femme comme une perpétuelle victime et l'homme comme un perpétuel prédateur.

C'est elle qui l'a emmenée déposer plainte, et la curatrice de préciser « Au début, elle ne voulait pas ! « Et pour cause. La curatrice reconnaît que la différence sociale, le fait que ce soit son médecin, l'âge de la plaignante l'ont convaincue qu'elle ne pouvait pas vouloir ces relations. Là, on était totalement dans les préjugés et la morale.

Son discours est mal passé à Chalon-sur-Saône. On lui a fait remarquer que c'étaient ses préjugés et sa façon d'appréhender la relation entre madame L. et le docteur F. qui a généré l'affaire ! Elle n'en a pas disconvenu.

Les témoins se sont succédé. Est arrivé le tour de la sœur de la plaignante. C'était une femme qui présentait très bien, qui avait exercé des responsabilités importantes et qui s'exprimait de façon posée et structurée. Elle a expliqué le peu de relations qu'elle avait avec sa sœur, surtout en raison de la façon dont elle s'est occupée de sa fille. Elle nous a décrit une petite Cosette qui ne comptait pas pour sa mère et qu'elle aidait comme elle pouvait chaque fois qu'elle passait la voir. Elle a surtout expliqué, et c'est fondamental, que sa sœur n'avait non seulement pas soutenu sa fille contre son père qui l'avait abusée et avait même reproché à sa fille de l'avoir dénoncé, provoquant ainsi son incarcération. Elle s'était d'ailleurs remise avec lui (le violeur de sa fille) dès sa sortie de prison, sans jamais manifester le moindre intérêt ou la moindre compassion pour sa fille.

On lui a lu la déposition de la fille de la plaignante dans le dossier qui l'avait opposée à son père : « Ma mère est une menteuse. Ne la croyez pas, elle passe son temps à mentir. Ça fait des années qu'elle est au courant pour moi, mais elle le laisse faire » !

Le témoin nous a regardés, dépité, en nous précisant que c'était une jeune fille qui avait énormément souffert jeune, et que sa mère n'avait jamais rien fait pour l'aider, malheureusement.

Les références à l'autre dossier criminel étaient lapidaires. La présidente n'a pas hésité à en reprendre les éléments laissés de côté en première instance. Les jurés ont eu parfois les yeux qui s'écarquillaient tellement le comportement de la plaignante a pu être critiquable, si ce n'est davantage, dans l'affaire de sa fille.

La présidente a ordonné une pause. Cela faisait beaucoup, ces témoignages, ces lectures de l'autre affaire. Le personnage de la victime innocente et naïve comme elle s'était présentée lors de sa plainte et devant le juge d'instruction, prend un tout autre visage. Un visage que l'on avait à peine entrevu à Dijon.

Avec maître Pichoff on a fait les comptes : il restait à entendre la belle-sœur, l'expert psychologue de la plaignante et le docteur F. Il était inquiet, il n'était pas plus à l'aise qu'à Dijon, assis sur une chaise en face de neuf juges et jurés. Sa famille était là, elle le soutenait. Sa fille surtout était un soutien manifestement précieux. Elle croyait en lui, en son innocence, elle le connaissait bien. Tant mieux, parce que les heures qui se sont écoulées avant le verdict ont été des heures effroyables, constamment dominées par l'incertitude.

L'audience a repris, la belle-sœur de la plaignante s'est présentée à la barre. Elle n'avait pas l'air facile comme témoin. On ne savait pas ce qu'elle allait dire mais on n'allait pas être déçus.

Elle a précisé d'emblée que dès qu'elle avait vu dans le journal que le docteur F. était accusé d'avoir violé sa belle-sœur, elle s'était exclamée : « Encore quelqu'un à qui elle a fait du mal » ! Et elle s'est expliquée. Le portrait de la plaignante s'assombrissait encore un peu plus. Elle l'avait d'ailleurs vue avant le premier procès, elle lui avait alors dit, tout sourire, qu'elle allait le faire payer et qu'elle se ferait des dents toutes neuves avec l'argent du docteur F. ! Édifiant. On a senti les jurés interloqués. Nous aussi, d'ailleurs.

Elle a expliqué concernant sa fidélité à son mari (le violeur de sa fille) qu'elle avait toute sa vie multiplié les amants, alors pour elle, rien d'anormal, au contraire de ce qu'affirmait madame L. dans la procédure, qu'elle ait eu un nouvel amant en la personne du docteur F.

L'expert psychologue qui, en première instance, avait été gênée par la différence de niveau intellectuel et social l'était moins, beaucoup moins. Il faut dire qu'à la fin de son exposé sur ses travaux, personne ne l'a orientée sur ce point. On s'en est donc tenu à ses conclusions : « Intelligence globale de sujet à la limite de la normalité, une personnalité immature, désireuse d'attirer la sympathie, mais avec un manque d'empathie patent ». L'expert a précisé un point fondamental suite à tous ces témoignages : c'était « la dissonance entre les propos émis et le ressenti émotionnel ». En effet, sur les questions posées à la fin de son exposé, l'expert a ajouté : « Elle ne présente pas les sentiments fréquemment ressentis par les sujets agressés sexuellement ».

Les débats se sont terminés.

Le docteur F. s'est exprimé une dernière fois, c'était difficile, mais il a réussi à faire comprendre la souffrance qu'il vivait depuis que cette accusation avait été portée contre lui, et cela a compté à l'audience.

L'avocat général a requis la confirmation de la condamnation prononcée en première instance. Avec maître Jérôme Pichoff, nous avons plaidé tour à tour l'acquittement du docteur F. Trois longues heures d'attente et d'angoisse pour l'accusé, sa famille, mais aussi ses deux avocats. On ne voulait pas revivre le traumatisme de la condamnation de Dijon.

Après trois heures de délibérations, le verdict de la cour d'assises d'appel tombe : « monsieur F., vous êtes acquitté ».

Pour conclure cette affaire et répondre à la question concernant madame L. : « MeToo ou Mytho » ? La réponse me semble univoque : Mytho.

Interview de maître Chloé Bonnat

Qui êtes-vous maître Chloé Bonnat ?

J'ai prêté serment au barreau de Dijon en janvier 2012, avec un objectif déjà très déterminé, à savoir me former et développer une activité en droit pénal.

J'ai commencé ma carrière comme avocat collaborateur chez maître Marie-Christine Klepping, avocate pénaliste orientée à titre exclusif dans la défense des victimes, et notamment des mineurs.

C'est donc par le « droit des victimes » que j'ai abordé au départ le droit pénal, ce qui a beaucoup compté dans ma formation.

Assez rapidement, j'ai souhaité m'orienter du côté de la défense des mis en cause, et j'ai quitté mon poste de collaborateur fin 2013, pour monter mon propre cabinet.

À partir de là, j'ai enchaîné les commissions d'office, les permanences pénales, et les permanences garde à vue, pour pouvoir toucher à un maximum de dossiers, et développer une clientèle.

En 2016, j'ai décidé de passer le certificat de spécialisation en droit pénal, qui est un examen organisé par le conseil national des barreaux, et qui donne le droit d'utiliser le titre et le logo d'avocat spécialiste.

J'ai également acquis des locaux professionnels la même année, et je suis donc installée non loin du palais de justice à Dijon, depuis cette époque.

Pourquoi être devenue avocate pénaliste ?

À l'université, j'étais passionnée par les matières qui touchaient aux libertés fondamentales, aux droits de l'Homme, aux sciences politiques, etc.

Les grands arrêts de jurisprudence administrative me passionnaient et je pensais, naïvement, que le droit public me permettrait de manier des notions telles que les principes généraux du droit, les principes fondamentaux reconnus par les lois de la République, et autres notions relatives aux libertés individuelles.

Après un master de droit public, je suis allée faire un stage en cabinet spécialisé en la matière.

Durant deux semaines, j'ai accompagné les associés de ce cabinet dans leurs activités quotidiennes, lesquelles étaient principalement dédiées à assister à des opérations d'expertises d'ouvrages publics : murs communaux écroulés, aires de jeux détériorées, piscines municipales présentant des fuites, etc.

Nous étions bien loin de ce qui m'intéressait, et j'ai rapidement compris que la pratique de ce genre de matière n'était pas faite pour moi.

J'aspirais à défendre des personnes en difficulté, je voulais des combats, des causes, et surtout, je voulais plaider.

Le pénal est alors devenu une évidence, puis une passion, puis un choix de vie.

Est-il difficile d'être une femme pénaliste ?

Avocat pénaliste, c'est difficile.

Je n'ai jamais exercé sous le titre d'avocate, mais bien sous celui d'avocat. Parce que c'est un titre, et non un adjectif, et qu'il me semble que féminiser le terme vient finalement le fragiliser. Cela ouvre une polémique inutile.

En ce qui me concerne, j'ai entendu des années durant : « le pénal, ce n'est pas fait pour les femmes ». Cette idée est ancrée au sein même de la profession, et j'ai bien plus subi la misogynie de mes confrères que celle de mes clients. C'est précisément pour cela que j'ai passé la spécialisation, j'avais besoin de me forger une légitimité, et de pouvoir me targuer d'un diplôme reconnaissant une qualité professionnelle en droit pénal.

Au bout de dix ans de carrière, je ressens moins la difficulté d'être une femme, et je pense que la profession et ses membres masculins évoluent. Il n'est plus rare aujourd'hui de mener des défenses en binôme homme/femme, et je trouve que c'est particulièrement intéressant, enrichissant, et surtout efficace, ce qui doit être le premier objectif, car ce qui compte avant et plus que tout, c'est le résultat.

Vous avez obtenu un acquittement à Vesoul il y a quelques mois, en mai 2023, dans l'affaire d'un homme accusé de viol (affaire Nicolas/MP). Comment gérez-vous ce type d'affaire et qu'est-ce qui est le plus difficile ?

Le plus difficile, c'est l'enjeu pour le client. En l'occurrence, il risquait perpétuité, dans un dossier très fragile pour lequel il a toujours soutenu son innocence. Il y a des dossiers où l'acquittement ne peut pas être raisonnablement soutenu, et il faut pouvoir l'expliquer au client.

En revanche, dans ce dossier, l'acquittement s'imposait, il a donc fallu "aller le chercher" à toute force.

La "gestion du dossier" me paraît être une fausse question. Nous ne sommes pas là par hasard. Lorsque l'on plaide aux assises, on sait qu'il faudra endurer de la pression, de la fatigue, des déconvenues, des affrontements à l'audience, de la solitude, etc. La seule question à se poser est donc « En suis-je capable ou pas ? » Si la réponse est oui, l'audience et le dossier se gèrent naturellement. Si la réponse est non, il ne faut pas y aller.

Quel est l'intérêt d'une défense à deux avocats comme dans l'affaire Nicolas, par exemple, où vous étiez en défense avec maître Schwerdorffer ?

À deux avocats, on se sent forcément plus fort.

La pratique du "regard croisé" permet de confronter des points de vue, de soulever les problèmes que pose le dossier, de trouver des solutions, de mettre en place des stratégies de façon plus efficace que lorsque l'on est seul.

Mais, surtout, l'intérêt de travailler à deux est de mettre en place une distribution des rôles à l'audience entre les défenseurs.

Il n'y a pas de hasard : chaque avocat sait ce qu'il doit faire, quelle question il doit poser à quel témoin, pour obtenir telle réponse, etc.

Ce dernier point me paraît primordial, notamment dans les affaires de mœurs.

Je pense que ces dossiers ne peuvent plus se plaider qu'à deux, et en binôme homme/femme. En effet, un homme ne peut plus tout dire devant une cour d'assises, et certains aspects ne peuvent pas être soutenus par une femme. La défense à deux devient donc une mécanique où, selon la phase de l'audience, l'un des deux avocats va monter au créneau, puis se mettre en retrait au profit de son confrère, et ainsi de suite. Évidemment, cela suppose de s'entendre parfaitement avec son binôme, de se respecter, et de se départir de toute question d'ego. L'avocat pénaliste est un être narcissique forcé à l'humilité, et c'est plus difficile à deux que seul.

Pour ma part, je crois que lorsqu'un binôme fonctionne bien, c'est une grande chance, et je suis très heureuse d'avoir deux ou trois confrères partenaires avec qui les audiences se passent toujours dans de bonnes conditions.

Y-a-t-il une influence des MeToo et de « Balance ton porc » dans les cours d'assises ?

Ces mouvements ont exercé une influence considérable ces dernières années, et souvent bien en amont des cours d'assises.

Il faut reconnaître que la prise en charge des victimes dans notre pays n'était pas au point lorsque ces mouvements ont émergé.

Il était sans doute important de dire qu'une libération de la parole était nécessaire, que la prise en charge à la fois humaine et judiciaire devait être améliorée.

Le problème est que ce tsunami a échappé à tout contrôle, à toute réflexion, à toute pédagogie.

La parole de la plaignante est aujourd'hui sacralisée, a fortiori lorsqu'elle est médiatisée.

On oublie qu'un être humain, fusse-t-il une femme, peut mentir, se tromper, ou même regarder de bonne foi une situation comme une infraction, alors qu'elle ne l'est pas.

Les plaintes fantaisistes, surtout chez les plus jeunes, se multiplient.

Évidemment, ce phénomène est freiné par les classements sans suite de certaines plaintes, pour infraction insuffisamment caractérisée, mais on voit tout de même des dossiers délirants aller à l'information judiciaire, voire en cour d'assises.

À l'audience, les jurés sont naturellement baignés dans ce climat de suspicion systématique, dans cette idée qu'un plaignant ne peut pas dire telle ou telle chose si ce n'est pas vrai, qu'il n'y a pas de "fumée sans feu".

La difficulté pour l'avocat est alors double : il faut combattre cette idée, et il faut rester audible. Car les mouvements MeToo et « Balance ton porc » ont imposé une modification du langage. Il est désormais pratiquement interdit à un avocat homme d'interroger une femme sur sa sexualité, au risque de paraître grossier. De la même manière, un avocat femme ne pourra pas, dans ses questions, aller dans le détail des pratiques sexuelles d'un homme, si elle ne veut pas être regardée comme vulgaire. D'où la nécessité de la distribution des rôles entre deux avocats de sexe différent.

Un conseil à donner à une jeune avocate voulant faire du pénal ?

Je crois que le premier conseil à donner est celui de la lucidité.

Bâtir une carrière pénaliste reste plus difficile pour une femme, et plus long aussi certainement.

La question de la maternité doit se poser aussi : on ne peut pas plaider aux assises et être à la crèche à 18 h, il faut donc avoir un conjoint disponible, ou d'autres solutions de soutien.

Enfin, à celles qui ne sont pas effrayées par toutes les difficultés qui s'élèveront, à celles qui ont décidé de ne jamais lâcher la barre, je n'ai qu'une chose à dire : bonne chance à toutes !

Chapitre 7

L'affaire Florian F. : Quand un soldat se défend, la légitime défense en question.

Nous sommes en novembre 2014 quand l'un de mes amis juge d'instruction m'a appelé. Il était également colonel de réserve et une affaire qui venait d'arriver l'avait beaucoup interpellé. Il était resté toujours très proche du milieu militaire. Le général de la brigade franco-allemande recherchait un avocat pour la défense d'un jeune soldat, Florian F., qui avait tué un jeune homme de quinze ans à Sarrebourg, en Moselle. Il était incarcéré à Épinal. J'ai accepté la défense de ce jeune homme après m'être entretenu avec son général, qui m'a rappelé au passage qu'il m'avait connu enfant en Allemagne, et qu'il me gardait quand mes parents sortaient. Mon père était à l'époque jeune officier de cavalerie à Rutlingen. La vie est parfois étonnante ! Je me suis informé en lisant la presse pour savoir ce qu'il en était de cette affaire et c'était édifiant. Un article du *Républicain Lorrain* du 31 octobre 2014, faisait état du fait qu'« un militaire aurait demandé une cigarette à des jeunes gens qui auraient refusé de la lui donner ». Le ton serait ensuite monté, des coups auraient été échangés, avant que l'un des militaires, âgé de vingt ans, sorte un couteau et le plante dans le thorax du mineur».

L'information s'était révélée fausse, le procureur de la République ayant malheureusement livré des informations erronées à la presse de façon trop précipitée. Toujours est-il que cet article a mis le feu aux poudres. Marche blanche, tension avec l'armée, emballement sur les réseaux sociaux, «On a tué un jeune de quinze ans pour une cigarette, dans quel monde vit-on?» Bref, l'affaire commençait très mal. Florian F. a été placé en détention provisoire avec l'un des trois militaires de sortie à Sarrebourg le soir des faits, et qui lui était censé avoir mis un coup de pied dans le visage du jeune décédé lorsqu'il était au sol après avoir reçu le coup de couteau.

L'étude du dossier n'a confirmé en rien l'information parue dans la presse régionale mais aussi nationale. On trouve encore sur Internet un reportage d'Europe 1 dont le titre est: «Ado poignardé à Sarrebourg : Il voulait le tuer, le finir, l'achever». Rien que ça! La presse a raconté n'importe quoi sur l'affaire, mais c'était vendeur.

La réalité, c'est que le 31 octobre 2014 à 2 h du matin, la police est arrivée au centre-ville de Sarrebourg suite à une rixe. Sur place, il y avait les pompiers qui effectuaient un massage cardiaque au jeune homme qu'on appellera Marc. Un autre jeune homme d'une vingtaine d'années était présent et a remis spontanément un couteau à la police en expliquant que c'était lui qui avait porté le coup de couteau. Florian est placé en garde à vue, il a 0,6 mg/d'alcool/litre d'air dans le sang. Moins d'une heure après son interpellation, Marc décède du coup de couteau reçu en plein cœur. Pendant ce temps-là, deux jeunes se sont présentés au commissariat de police. C'étaient des amis de Marc, ils ont été témoins des faits et voulaient être entendus. Il y avait un certain Bruno et un second prénommé Jonathan.

Bruno a été immédiatement entendu pas les enquêteurs et sa version des faits était catégorique. Ils avaient été victimes d'une agression par trois militaires pour une histoire de cigarette. Les militaires (surtout deux d'entre eux) auraient été extrêmement violents et, pour se défendre, Bruno a dû sortir un tire-bouchon pour les menacer avec. Mais rien à faire, la rixe avait continué jusqu'à ce qu'un des militaires tue Marc d'un coup de couteau. Bruno a expliqué qu'après que Marc s'était effondré inerte au sol, les militaires avaient continué d'exercer des violences sur eux et qu'ils les ont poursuivis, d'où leur absence sur les lieux au moment de l'arrivée de la police. Mais il avait quand même pu appeler les secours avec son téléphone. Cette version de l'agression à l'initiative des militaires a été confirmée en tout point par le camarade de Bruno, Jonathan. Ils ont été agressés par trois fous furieux alors qu'ils n'avaient rien fait.

Pendant ce temps-là, les militaires sont entendus et n'ont pas du tout la même version. C'était même l'exact contraire, ce sont eux qui ont été agressés par les trois jeunes et qui ont été victimes de coups violents après avoir été rackettés et que Florian avait sorti un couteau à la fin de la bagarre quand les trois autres se sont tous jetés sur lui près de la fontaine.

La justice a cru Jonathan et Bruno, et deux des trois militaires partent en détention provisoire.

Pourtant, lorsque j'ai étudié le dossier, je me suis rendu compte qu'il y avait plusieurs vidéos de la ville de Sarrebourg qui avaient filmé l'altercation. Je n'avais pas eu encore accès à ces vidéos, mais uniquement à quelques clichés choisis par les enquêteurs. J'ai demandé au juge de m'envoyer la copie de toutes les vidéos, en insistant sur le fait que la justice n'est pas là pour croire, mais pour savoir.

Le juge d'instruction a accédé à ma demande et m'a transmis les enregistrements. Les vidéos de la ville avaient tout, mais absolument tout filmé, sous plusieurs angles et elles étaient d'excellente qualité. Il ne manquait que le son. D'abord, on voyait très clairement que c'étaient les militaires qui étaient abordés par les trois autres, il était 1 h 55 et 40 secondes très précisément, au contraire de ce qu'avaient affirmé Bruno et Jonathan. Ensuite, on voyait très clairement sur la place du marché, Jonathan faire les poches d'un des trois militaires qui ne réagissait pas. Bruno avait sorti un tire-bouchon et menacé les deux autres militaires. Aucun des militaires n'a bougé. À un moment, le militaire qui se faisait racketter a tenté de se dégager et a reçu un très violent coup de genou au visage, porté par Bruno. Il est tombé, complètement K.-O. Ensuite, il y a eu quelques échanges de coups et la scène de violence s'est déportée vers la fontaine où Florian s'est retrouvé seul, encerclé par les trois agresseurs qui, systématiquement, l'un après l'autre, ont porté des coups à Florian et essayé de le faire tomber au sol. Florian a répliqué comme il pouvait. À un moment, il a sorti un couteau, Marc lui a alors sauté dessus pour le frapper et, de façon concomitante, Florian a frappé avec son couteau. Le jeune s'est éloigné en titubant, puis s'est effondré sur la chaussée tandis que Jonathan et Bruno prenaient la fuite.

Florian les a poursuivis quelques instants puis est revenu vers Marc qui gisait au sol. Deux jeunes filles ont essayé de le secourir comme elles pouvaient. Florian a tenté à son tour de faire un point de compression, puis un massage cardiaque, et c'est à ce moment-là que le troisième militaire a surgi d'on ne sait où et a porté deux violents coups de pied à la tête de Marc avant de s'enfuir en courant. La scène était stupéfiante et elle était filmée sous plusieurs angles.

J'ai visionné une bonne dizaine de fois la scène sous tous ses angles. Mes conclusions n'étaient pas du tout celles des enquêteurs et encore moins celles du procureur de la République de Metz ou du juge d'instruction. Il était absolument évident pour moi que le jeune Florian avait agi en état de légitime défense. Je ne comprenais même pas comment il avait pu être incarcéré !

J'ai immédiatement préparé une demande de mise en liberté en mettant en avant la légitime défense. Elle a été refusée. J'ai fait appel. Je suis allé plaider devant la chambre de l'instruction à Metz, nouveau refus. Pendant ce temps, l'armée a mis en place une suspension de son jeune soldat, puis une procédure de radiation de l'armée s'ensuivra. Cela m'a pris près de sept mois pour faire sortir Florian de la maison d'arrêt. Je me rappelle très bien la première fois où je l'ai rencontré. Il faisait face, l'incarcération était difficile, mais il ne se plaignait pas. Ce n'est même pas lui qui m'a parlé de légitime défense, c'est moi. En quittant la maison d'arrêt d'Épinal après l'avoir revu, je me souviens très bien m'être dit qu'il fallait absolument le sortir de là et que c'était totalement injuste qu'il ait été incarcéré, même un seul jour !

Après sa remise en liberté, le juge d'instruction nous a convoqués pour une dernière audition. Il nous a projeté les enregistrements vidéo de la scène mortelle et a interpellé Florian : « Vous voyez, Florian, à au moins deux reprises vous auriez pu prendre la fuite. Vous avez choisi de rester et de vous battre. En plus vous sortez un couteau alors que vos adversaires n'ont pas d'arme.

J'ai interpellé le juge d'instruction : « Mais enfin, ils sont trois contre lui, ils sont extrêmement violents. Il y a bien eu un tire-bouchon brandi par Bruno pour les menacer. Comment ne pas considérer que sa vie, ce soir-là, face à des agresseurs extrêmement violents, n'était pas menacée ?

J'ai compris que ma discussion avec le juge d'instruction ne servait à rien. Il allait renvoyer Florian aux assises, c'était certain, et le procureur de la République n'a pas eu une approche différente de celle du juge d'instruction.

Très bien, nous verrons ce que dira un jury populaire de cette affaire. Florian sera jugé par la cour d'assises de Metz. Il faut dire que beaucoup de magistrats n'aiment pas la légitime défense et que, me concernant, je suis un inconditionnel de la légitime défense. Mais que l'on aime ou pas cette notion, c'est un droit reconnu à tout citoyen dont les critères stricts sont définis à l'article L 122-5 du Code pénal qui prévoit que la défense doit être concomitante à une agression et que, de plus, la riposte doit être proportionnée à l'agression. Les profanes diraient, pour faire simple, une gifle contre une gifle et un coup de poing contre un coup de poing. C'est comme cela que vont raisonner le procureur de la République de Metz et le juge d'instruction, mais pas pour des raisons de méconnaissance du droit, loin de là, mais pour une appréciation morale et restrictive de la légitime défense et ça, pour moi, c'est beaucoup plus grave car c'est injuste. L'idée morale, c'est que l'on ne peut pas tuer un jeune de quinze ans dans la rue avec un couteau en toute impunité, c'est inconcevable.

L'ordonnance de mise en accusation de Florian a été rédigée par le magistrat instructeur qui a écarté la légitime défense en le motivant de cette façon. On peut lire sous la plume du juge d'instruction: «Concernant Florian, son attitude a été pendant de longs instants purement défensive. Ce dernier a subi des violences par trois individus sans jamais porter de coups. Néanmoins, une fois l'étreinte relâchée, il sort instantanément un couteau de sa poche et se dirige volontairement vers Bruno et lui assène un coup, couteau en main, que ce dernier pare. Après avoir évité des coups de poing simultanés de la part de Bruno et de Marc, il se trouve face à Marc et ces derniers s'assènent simultanément un coup. Le coup porté par Florian, quelles que soient les circonstances, ne constitue pas un balayage, mais un acte volontaire. Même si dans l'action il est fort probable que ni Bruno ni Jonathan ni Marc n'aient constaté la présence d'un couteau, l'usage d'un couteau ne semble pas permettre la réunion des conditions de la légitime défense nécessitant une proportionnalité de la défense par rapport à l'attaque».

Je ne partageais pas du tout l'avis du juge d'instruction, d'abord parce que l'acte de légitime défense est toujours un acte de violence volontaire, il peut même être commis avec une intention homicide et la riposte proportionnée est indépendante du résultat obtenu. Si, à un coup de poing que vous esquivez vous répondez par un coup qui occasionne le décès, le droit ne prend pas en compte les conséquences pour retenir la légitime défense.

De plus, c'est un droit auquel je suis très attaché pour m'en être par ailleurs servi dans ma vie, notamment plus jeune. Lorsque je me suis investi dans les arts martiaux, c'était pour pouvoir me défendre le jour où j'en aurais besoin. Pour ne pas subir la violence de quelqu'un. Lorsque l'on est jeune et que l'on a une vie nocturne comme n'importe quel jeune, on est exposé, à un moment ou à un autre, à la violence. Et avoir le droit de se défendre est naturellement un droit fondamental du citoyen. Concernant l'avis du juge d'instruction dans cette affaire, ce qui est choquant, c'est qu'il n'a pris aucunement en compte l'adrénaline qui existe dans une agression de rue. Même lorsque l'on est entraîné et qu'on pratique des arts martiaux ou des sports de combat, la rue est toujours un univers compliqué. Il n'y a aucun code, une arme peut surgir n'importe quand, les coups peuvent pleuvoir quand on est à terre, l'acuité visuelle se réduit, l'ouïe est différente, les décisions doivent être prises dans la seconde, sans aucun recul, avec une analyse forcément fragile.

Quoi qu'il en soit, c'était l'avis du procureur de la République et du juge d'instruction, il n'y avait pas de légitime défense, Florian devait être renvoyé aux assises pour violences avec arme ayant entraîné la mort sans intention de la donner, ainsi que pour des violences sur Bruno. Son camarade, lui, est renvoyé pour des violences sur Marc (sans ITT), mais en état d'ivresse, ce qui est un délit. Bruno et Jonathan (quand même) sont eux renvoyés pour des violences en réunion sans ITT sur les trois militaires. Le juge d'instruction leur a fait grâce, de façon incompréhensible d'ailleurs, des faits de vols avec violence et sous la menace d'une arme.

Je n'ai pas fait appel de cette ordonnance de mise en accusation, j'étais certain qu'elle aurait été confirmée par la chambre de l'instruction de la cour d'appel de Metz.

Pour Florian, l'approche du procès a été un moment difficile. Allait-il être acquitté, allait-il être condamné ? Impossible de le savoir à l'avance, et comme presque la plupart du temps, il est très difficile d'anticiper sur une future décision de cour d'assises. Comment se projeter dans la vie, dans sa vie, dans ces conditions ? Ce sont des périodes d'angoisse intense et personne pour répondre à ces questions, même après plus d'une centaine d'affaires d'assises plaidées. C'est l'inconnu, et il l'a accepté.

Les assises de Metz se sont ouvertes. J'adore cette salle d'audience, je ne sais pas pourquoi, mais je m'y sens particulièrement bien. J'avais face à moi trois avocats et l'avocat général, un professionnel compétent et efficace. Le combat a été difficile, d'autant plus que lorsque j'ai salué l'avocat général, il m'a dit de façon très courtoise, mais sans ambiguïté : « Vous plaiderez la peine ? » Je lui ai répondu de façon très directe : « Non, la légitime défense » !

L'audience allait se tenir dans d'excellentes conditions, la présidente était une magistrate de qualité, respectueuse de l'oralité des débats qui allaient très vite tourner en faveur de Florian, jusqu'à l'intervention du directeur d'enquête. Un flic à l'ancienne, qui a fait son rapport, sans plus, mais très nettement défavorable à la thèse de la légitime défense. Pour lui, le tire-bouchon ne représentait aucun danger. Je suis intervenu, mais auparavant, j'ai pris le soin de sortir de mon sac un tire-bouchon similaire à celui de Bruno : « Mais, Monsieur, lorsque j'ouvre mon tire-bouchon que je le place dans ma main comme on tiendrait un coup de poing américain, vous ne trouvez pas que c'est dangereux comme arme par destination ? » Tout le monde a compris effectivement que cela pouvait être très dangereux, mais l'avantage c'est que si la police vous contrôle avec un tire-bouchon dans la poche, ce n'est pas illégal.

Réponse de l'enquêteur : « Oui, c'est sûr, mais ce que je veux dire c'est que c'est moins dangereux qu'un couteau ».

Question de la défense : « D'accord, mais un coup dans la gorge ou au visage peut gravement blesser, voire plus, vous en convenez ou pas ? »

Réponse : « Oui, c'est toujours possible, mais moi, en tout cas, à la place de Florian, je n'aurais pas sorti d'arme pour me défendre » !

J'ai observé : « C'est possible, Monsieur, mais vous êtes policier depuis trente ans, vous avez une arme à feu sur vous et vous êtes entraîné, à la différence de Florian qui n'a que vingt ans et qui est dans l'armée depuis quelques mois ».

L'enquêteur est reparti en m'ignorant. Je ne savais pas si les jurés seraient de son avis ou pas. S'ils le suivaient, cela en était terminé de l'acquittement.

J'ai choisi délibérément de ne pas raconter plus ce procès pour développer celui qui se passera en appel, parce qu'il y aura effectivement appel et un second procès.

Après trois jours de procès, la cour d'assises a rendu son verdict. Florian était acquitté, les jurés avaient retenu la légitime défense. Il y aura du mouvement dans le palais de justice ce soir-là, des cris, des pleurs, c'était dans l'ordre des choses.

Florian est reparti avec sa mère, soulagé enfin d'en terminer avec son affaire. Son soulagement sera de courte durée. L'avocat général, qui avait requis la condamnation de Florian à une peine de cinq ans, a fait appel. Tout sera donc à refaire à la cour d'assises d'appel de Nancy et, connaissant la justice, j'étais très inquiet quant à l'issue du second procès en appel.

La semaine suivante, j'ai fait le point avec l'un de mes associés, maître Jérôme Pichoff, sur le futur procès. Nous avons convenu que nous plaiderions cette affaire tous les deux, au vu de la complexité du problème et des enjeux du procès. Florian, comme d'habitude, nous a renouvelé sa confiance et nous a laissés gérer, sans jamais interférer dans sa défense. Il savait que tout était à refaire et que, pour lui, il avait encore une année très difficile à vivre. Une de plus dans l'inconnu.

Le procès d'appel s'est ouvert à Nancy et dès les premières minutes du procès on a senti, et c'était palpable, que la présidente de la cour d'assises était totalement hostile à l'idée même de la légitime défense. Certaines réflexions ne trompaient pas, dont notamment une qu'elle allait faire passer au travers d'une remarque lapidaire, en précisant à Florian qu'il avait manifestement surréagi au moment où il avait sorti son couteau ! On s'est regardé avec mon associé, et il m'a dit « vas-y ! » Je me suis levé et j'ai interrompu la présidente pour l'informer que nous allions prendre des conclusions d'incident en raison de sa manifestation d'opinion. La présidente n'a pas compris où l'on voulait en venir, elle nous en a fait part et a suspendu l'audience, l'air de rien et très détendue, pour signifier aux jurés que tout allait bien. La défense s'est agitée, c'est tout.

Avec mon associé, nous avons rédigé nos conclusions, on les a fait signer par le greffier et la pause a continué. La présidente est revenue, est repartie, revenue, avant de m'interpeller de façon très courtoise et de me préciser, qu'en fait, elle s'était mal exprimée. L'utilisation du terme "surréagi" est effectivement inadaptée puisque, s'il y a surréaction, on ne voyait pas comment il pourrait y avoir eu légitime défense. La présidente m'a fait savoir que l'on pouvait naturellement maintenir notre incident, mais qu'elle allait s'expliquer en reprenant l'audience pour lever l'équivoque sur sa position, ce qu'elle a fait. Elle a expliqué aux jurés que le terme "surréagi" était impropre, qu'en l'état, personne ne pouvait dire que Florian avait ou pas surréagi, et donc qu'elle retirait son observation. Le message était clair pour nous, mais aussi pour les jurés. Fin de l'incident. Si nous avions laissé passer cela, nous perdions le procès. Si, dans les débats, le fait de sortir le couteau était appréhendé comme une surréaction, alors il ne pouvait plus y avoir de légitime défense.

Le directeur d'enquête est revenu à la barre. J'étais prêt pour le reprendre comme la première fois mais, étrangement, son avis était quelque peu différent que lors du premier procès. On a même eu le sentiment que pour lui, Florian a fait ce qu'il avait pu pour se défendre, et quand on n'a que vingt ans face à trois agresseurs, ce n'était pas simple. Et puis, il ne s'était pas enfui, au contraire, il avait porté secours à Marc et avait remis spontanément son arme aux policiers quand ils sont arrivés.

Rien à dire cette fois-ci ! Cela ne servait à rien d'interroger un témoin lorsque sa déposition était plutôt favorable à la défense, cela aurait même pu être contre-productif et agacer la cour d'assises.

On savait, avec mon associé, que ce qui allait faire la grande différence dans notre affaire, c'étaient Bruno et Jonathan, les deux amis de Marc qui étaient dans le box pour violences en réunion sur les trois militaires, et la vidéo. Tout le procès résidait là. Il allait se jouer en trois heures. Nous nous sommes réparti les contre-interrogatoires de Bruno et Jonathan, on a visionné désormais la vidéo. Cela a été un moment intense pour la cour, on y voyait un jeune homme de quinze ans mourir comme si on était juste à côté de la scène tant la qualité des images était impressionnante. Les enregistrements sont tous passés, une fois, deux fois, trois fois.

On voyait clairement la violence de Marc, de Bruno et de Jonathan. Le premier coup a été porté par Bruno sur un des amis de Florian, un violent coup de genou à la tête donné à celui qui résistait pour ne pas se faire voler son téléphone. Il a eu de la chance, ce jeune militaire, les conséquences d'un tel coup à pleine puissance auraient pu être dramatiques. Bruno a regardé la scène, il ne voyait visiblement pas où était le problème. Les jurés, eux, l'ont très bien vu.

L'avocat des parties civiles a demandé de revoir la scène de la rixe une nouvelle fois. On a interrogé Florian : « Mais regardez, là, puis là, vous auriez pu prendre la fuite sans problème, pourquoi ne pas l'avoir fait ? » Réponse de Florian : « Je ne sais pas, tout est allé tellement vite… Je ne peux pas vous répondre, mais oui, j'aurais dû ». Il était très affecté de revoir la scène, cela se voyait sur son visage, c'était dur, très dur.

Depuis le début, depuis notre rencontre, son regret absolu a été d'avoir tué un jeune homme. J'ai eu le sentiment qu'il n'avait jamais vraiment accepté d'avoir donné la mort à son agresseur. En tout cas, l'intention de tuer, la justice ne lui a jamais reprochée.

Avec mon associé, on savait qu'on allait devoir recadrer le débat sur la fuite. Pour l'instant, on a laissé Florian se faire malmener et on a vu que cela a agacé certains jurés. Les questions ont fusé : « Pourquoi sortez-vous votre couteau ? mais enfin, pourquoi ? »

La rixe finale dure moins d'une minute avec des coups de tous les côtés portés par les trois agresseurs. Comment était-il réellement possible de répondre à toutes ces questions ? On a laissé faire, la présidente aussi. L'avocat général, lui, était mutique. Au début du procès, il nous avait fait savoir qu'il soutiendrait l'accusation d'homicide contre Florian, mais à partir du visionnage des vidéos, on ne l'a plus entendu, il était comme absent du procès.

Les interrogatoires de Bruno et Jonathan ont débuté. C'est moi qui ai questionné Jonathan. Il était imposant dans le box des accusés. On voyait que c'était un garçon violent. Il avait déjà un casier judiciaire conséquent et il était manifestement incarcéré dans une affaire criminelle en cours dans laquelle il était mis en cause. Côté psychologie, c'était un sanguin. Mon idée était de montrer sa violence aux jurés, et pour cela j'avais besoin de son aide. Marc avait quinze ans quand il est mort. Que faisait un mineur de quinze ans dans les rues avec deux majeurs à 2 h du matin ? Ils volaient des passants, les trois militaires. « N'avez-vous pas le sentiment que si Marc est mort, vous avez une part de responsabilité ? Celle de l'emmener avec vous la nuit pour menacer, agresser et voler des gens ? »

Jonathan s'est montré agacé par ma question, il s'est énervé : « Vous dites quoi là, Marc c'était comme mon frère, vous dites que c'est de ma faute si Marc s'est fait tuer, c'est ça ? »

À cette question, je lui ai répondu le plus calmement possible : « Oui, Monsieur, c'est ce que je dis ». Il m'a fixé d'un regard particulièrement sombre. Il m'a tout d'abord répondu : « C'est pas moi qui lui ai planté le couteau… » et il a littéralement explosé. Les injures ont fusé, il était à deux doigts de bondir hors du box, les agents de la pénitentiaire ont eu peur, ils lui ont sauté dessus. Ça hurlait, ça tapait dans le box, les jurés étaient consternés. Il a été évacué de la salle d'audience avec beaucoup de difficultés vers les geôles. Voilà la violence qu'avait dû gérer Florian, seul, sans agents de l'administration pénitentiaire pour l'aider et ça, les jurés l'ont très bien ressenti.

La présidente a ordonné une pause. Il fallait que tout le monde reprenne ses esprits.

Après, c'était au tour de maître Jérôme Pichoff d'interroger Bruno. Moins impulsif que son copain, il avait compris ce qui venait de se passer. Il était calme, très calme, il comprenait très bien où la défense voulait aller. Mon associé allait donc lui poser des questions qui n'étaient pas des questions, mais presque une plaidoirie. Et les réponses de Bruno allaient être désarmantes. Maître Pichoff lui a parlé de son coup de genou dans le visage du jeune militaire. C'est normal, au début il lui a pris son paquet de cigarettes dans la poche et il s'est laissé faire, mais pour le téléphone, il a résisté. Alors il a dû le frapper! Maître Pichoff a ironisé : « Je comprends, c'est quand même désagréable ces gens qui ne se laissent pas dépouiller tranquillement! » Maître Pichoff a enchaîné : « Pourquoi les avoir menacés avec un tire-bouchon? » Là aussi, la réponse nous a laissés rêveurs: « C'était pour que ça se passe bien et éviter les ennuis! » Maître Pichoff a enfoncé le clou: « Le plus simple pour ne pas avoir d'ennui et que ça se passe bien, c'est de ne pas braquer les gens, vous ne pensez pas? »

La remarque était cinglante. Pourquoi, après les premiers faits, s'attaquer à trois à Florian? Les réponses absurdes ont continué, c'était Florian qui était agressif, il fallait le calmer... En réalité, il ressortait clairement de ce contre-interrogatoire que l'on voulait purement et simplement le tabasser, le faire tomber et le "défoncer" parce qu'il avait osé s'opposer à eux. Les jurés l'ont très bien compris.

L'instruction du procès touchait à sa fin. La présidente a interrogé Florian sur sa personnalité, puis ce fut au tour de l'avocat des parties civiles.

« Est-ce que vous consommez toujours de l'alcool? » Florian lui a répondu : « Oui, en soirée, bien sûr, ça m'arrive ». L'avocate de la partie civile l'a repris : « Vous continuez à boire après ce qui s'est passé? Ça fait peur quand on voit ce que vous avez fait... »

Elle a continué : « Vous jouez aux jeux vidéos, a priori et surtout à *Call of Duty* ? » Florian : « Oui, j'aime bien, ça me détend ». Une fois de plus, c'est un scandale. C'est un jeu où l'on tue des gens, c'est violent, c'est révélateur d'une personnalité qui aime la violence, etc.

Sauf que Florian, il était le seul à avoir un casier judiciaire vierge. Il s'était engagé par conviction dans l'armée. De plus, l'expert psychiatre qui l'avait examiné avait conclu que « Florian percevait de manière claire et adaptée la gravité des conséquences de ses actes », et l'expert psychologue, quant à lui, de préciser : « L'examen clinique met en évidence des éléments de culpabilité paraissant authentiques », ainsi que « des éléments traumatiques et des troubles anxio-dépressifs réactionnels adaptés à la gravité de la situation humaine et judiciaire ». Bien sûr qu'il regrettait la mort de Marc, que cela le poursuivra jusqu'à la fin de ses jours. Maintenant, la question était, au-delà de cet aspect moral, était-ce de la légitime défense ou pas ? L'heure était aux plaidoiries et réquisitions.

Tout d'abord, la partie civile et les conseils de Bruno et Jonathan, les amis de la victime. Tour à tour, ils ont demandé à la cour de ne pas retenir la légitime défense et, si on veut résumer leur message adressé aux jurés : « L'acquittement, ce serait un permis de tuer » ! L'expression a été lâchée. Elle a longtemps été reprise par les opposants à la légitime défense.

L'avocat général prend la parole pour ses réquisitions. On ne l'avait plus entendu depuis le visionnage de la rixe mortelle. Il a précisé d'ailleurs, en préambule de son propos, que « le visionnage de la vidéo change beaucoup de choses ». Pour lui, le problème c'était le couteau qu'a utilisé Florian pour se défendre. C'était donc la proportionnalité qui lui semblait critiquable : « Peut-on sortir un couteau face à des agresseurs à mains nues et s'en servir ? » « Quel message voulez-vous envoyer à la société ? Que lorsque l'on est attaqué, il ne faut rien faire ? Ou que, dans certaines circonstances, on peut se défendre ? » L'avocat général a conclu son réquisitoire sur la culpabilité de Florian sans demander de condamnation : « Je m'en rapporte seulement ! »

On l'avait senti avec maître Pichoff, l'avocat général avait évolué au cours de l'audience. Si celui qui est là pour demander la condamnation de l'accusé ne sait plus, alors sûrement que pour les jurés indécis il fallait lever le problème du couteau et de la proportionnalité. C'est ce que nous avons fait chacun notre tour en reprenant les temps forts de l'audience, ce que c'était la proportionnalité dans la riposte. Un homme face à trois hommes dont l'un est armé d'un tire-bouchon qu'on utilise comme un poing américain. Une vidéo où les coups pleuvent, où l'on essaie de faire tomber Florian pour le tabasser à terre. On peut tuer avec des coups, surtout à plusieurs. La violence, les jurés l'ont vue, l'ont même ressentie. La victime, c'était bien Florian, le couteau il ne l'a sorti qu'à la fin de l'agression, après avoir tout fait pour éviter de se battre. Le coup de couteau était porté de face, suite à un échange de coups. Fallait-il qu'il se laisse massacrer ce soir-là, ou avait-il le droit de se défendre ? Concernant la fuite, nous avons expliqué ce qu'était l'état du droit et notamment la jurisprudence. La légitime défense, c'est le droit de faire face. En aucun cas, la loi n'exige que l'on n'ait pas d'autre choix que de se défendre et surtout, elle n'impose pas comme condition l'impossibilité de s'enfuir pour pouvoir s'appliquer. C'est une conception totalement fausse de la situation de légitime défense que font, dans la pratique, certains magistrats. Concernant le couteau, le fait d'être en état de légitime défense rendait son acte de violence avec arme conforme au droit, c'est la loi. La légitime défense ce n'est pas un "permis de tuer", c'est un "permis de se défendre" et la loi n'exige pas que "l'on soit au bord de la mort pour se défendre".

On a demandé à la cour d'assises de confirmer l'acquittement prononcé par la cour d'assises de Metz.

Les derniers mots sont revenus à Florian : « Je ne voulais pas tout ça, je me suis défendu, malheureusement, j'ai tué une jeune personne et je vais porter ça toute ma vie ».

La cour d'assises s'est retirée pour délibérer. Le mardi 3 décembre 2019, Florian a été acquitté une seconde fois, de façon définitive, par la cour d'assises d'appel de Nancy, le jour de ses vingt-cinq ans.

Interview de maître Jérôme Pichoff

Qui êtes-vous, maître Jérôme Pichoff ?

Je suis un avocat pénaliste âgé de quarante-sept ans, inscrit au barreau de Besançon depuis le 12 janvier 2000. J'exerce ma profession d'avocat en tant qu'associé du cabinet de maître Randall Schwerdorffer.

Par ailleurs, j'exerce actuellement les fonctions de vice-bâtonnier du barreau de Besançon.

J'interviens dans les affaires relevant du droit pénal d'une manière générale, et plus spécialement dans les affaires criminelles relevant de la cour d'assises et dans des dossiers relevant du droit pénal des affaires.

Pourquoi être devenu un avocat de défense pénale ?

Dans le cadre de mon cursus universitaire, j'avais toujours envisagé de devenir avocat mais, à cette époque, je me destinais davantage au droit des affaires qu'au droit pénal lui-même.

Néanmoins, après avoir prêté serment au mois de janvier de l'année 2000, je suis devenu l'avocat collaborateur de maître Claude Serri, avocat au barreau de Besançon, qui avait une longue expérience de la matière pénale et m'a demandé de travailler sur ses dossiers.

Étant à la fois avocat pénaliste et civiliste, maître Serri avait un sens aigu de la procédure pénale et m'a appris, dès le départ, à faire preuve de rigueur dans les dossiers relevant de la matière pénale, considérant notamment qu'il fallait étudier les affaires sous l'angle de la procédure pénale avec minutie.

Il fut mon mentor en cette matière et me demanda de l'accompagner devant la cour d'assises, à la fin de ma première année d'exercice professionnel, pour l'assister dans une affaire d'assassinat.

De mémoire, il s'agissait d'un homme qui, par dépit amoureux, avait abattu son ex-compagne et avait été reconnu coupable de meurtre et condamné à la peine de dix ans de réclusion criminelle, la préméditation ayant été écartée.

Nous étions alors en décembre 2000 et, en y repensant, une telle peine ne serait plus prononcée aujourd'hui pour un dossier de cette nature, mais à l'époque, les débats sur les crimes de nature conjugale, appelés de manière habituelle « crimes passionnels », n'étaient pas de la même intensité que les débats agitant actuellement la société en la matière.

L'évolution des mentalités, de la société et des pratiques judiciaires font que, désormais, une affaire criminelle impliquant le meurtre d'un conjoint est sanctionnée *a minima*, de vingt ans de réclusion criminelle, et régulièrement des peines de vingt-cinq à trente ans, voire la perpétuité, sont prononcées en cette matière.

Pour en revenir à mon expérience personnelle, ce procès d'assises fut une véritable révélation pour moi, et je compris alors que travailler en tant qu'avocat dans un procès d'assises constituait le "Graal" de l'activité d'un avocat pénaliste.

L'intensité des débats, le contre-interrogatoire des témoins et des experts, ainsi que la plaidoirie finale constituaient autant d'attraits à l'exercice de l'avocat pénaliste au sein d'une cour d'assises, outre l'enjeu considérable que représente la décision attendue pour l'accusé et son avocat.

Après cette première expérience passionnante, je décidai de poursuivre mon activité en matière pénale et d'intervenir devant les cours d'assises lorsque la possibilité m'en était donnée, afin de pouvoir me mesurer à ce challenge judiciaire d'exception.

C'est donc avant tout le challenge intellectuel sur le plan juridique et stratégique, associé à l'art du contre-interrogatoire et de la plaidoirie qui ont suscité ma passion professionnelle pour la cour d'assises.

Vous intervenez beaucoup en droit pénal des affaires, en quoi cela consiste-t-il ?

Il s'agit de traiter des affaires impliquant principalement des sociétés ou des gérants de société dans des domaines tels que les délits de fraude fiscale, d'abus de biens sociaux, de banqueroute, d'accidents mortels du travail ou de travail dissimulé.

Ce type d'affaires relève donc toujours du registre pénal et présente une haute technicité juridique particulièrement intéressante sur le plan intellectuel et stratégique.

Bien que ce type d'affaires puisse paraître éloigné de celles relevant de la cour d'assises, et donc de la matière criminelle, les règles de la procédure pénale s'appliquent dans les deux cas et nécessitent avant tout une analyse juridique et factuelle aussi objective que possible, en amont, afin de définir la stratégie de défense adaptée.

Comment avez-vous abordé le procès de Florian et quelle a été votre stratégie avec maître Schwerdorffer ?

Après la décision d'acquittement rendue en première instance par la cour d'assises à l'égard de Florian, mon associé, maître Schwerdorffer, m'a demandé de le rejoindre sur ce dossier en défense devant la cour d'assises d'appel afin d'apporter un regard neuf sur cette affaire et ainsi compléter l'analyse première faite par maître Schwerdorffer et qui avait d'ailleurs été couronnée de succès.

Néanmoins, par expérience, nous savons qu'un procès devant la cour d'assises d'appel ne ressemble souvent en rien au procès qui peut se dérouler en première instance, dès lors que la plupart des acteurs du procès ont l'expérience de ce premier débat judiciaire, ce qui amène à modifier leur comportement initial.

À titre d'exemple, un témoin ou une partie au procès qui auraient pu être piégés par le contre-interrogatoire d'un avocat en trébuchant sur une question, aura gardé ce mauvais souvenir en mémoire et cherchera très certainement à adapter son discours devant la cour d'assises d'appel afin de ne pas réitérer la même erreur face à l'avocat.

Il y a donc, en première instance, des effets de surprise dans les débats qui peuvent produire des effets tout à fait favorables à la défense mais qui ne peuvent pas nécessairement être réitérés à l'identique devant la cour d'assises d'appel, puisque cet effet de surprise a disparu et que l'expert, ou le témoin, interrogé est donc à même d'anticiper les questions et d'adapter ses réponses.

C'est pourquoi maître Schwerdorffer et moi-même trouvons intéressant d'apporter un regard neuf lorsqu'une affaire est portée devant la cour d'assises d'appel afin de ne pas reproduire un schéma strictement identique en défense à ce qui a été mis en œuvre lors du premier procès.

Au surplus, le fait de pouvoir intervenir devant la cour d'assises en binôme en défense, c'est-à-dire à deux avocats pour faire cause commune, apparaît particulièrement intéressant pour la qualité de ladite défense.

En effet, les débats devant la cour d'assises sont particulièrement intenses, éprouvants dans la durée, souvent sur plusieurs jours, avec des journées commençant à 9 h pour se terminer parfois à 21 h ou 22 h.

Cela demande une attention de tous les instants durant les débats sur ce qui est dit par les témoins, les experts, les accusés ou les parties civiles ainsi que leur conseil respectif et il faut avoir la capacité de réagir immédiatement à tout ce qui peut être dit pour assurer la défense de son client.

Un tel travail génère une fatigue intellectuelle certaine dans la durée, de sorte que le fait de pouvoir intervenir en binôme permet de partager ce fardeau et de faire en sorte que l'un des avocats puisse être concentré sur certaines parties des débats pendant que l'autre peut préparer la suite de ces mêmes débats, ou réfléchir d'ores et déjà à ce qui a été dit en amont.

Par ailleurs, maître Schwerdorffer et moi-même avons deux styles assez différents dans notre manière de travailler en tant qu'avocats devant la cour d'assises, qui s'avèrent particulièrement complémentaires.

Nous avons d'ailleurs été amenés à intervenir fréquemment en binôme lors de procès d'assises, et ce avant même que nous devenions associés au sein du même cabinet, et cela nous avait plutôt réussi en termes de résultats obtenus à l'issue des débats judiciaires.

J'ai, pour ma part, toujours un très grand plaisir à plaider au côté de mon associé dont j'apprécie particulièrement la pertinence dans l'art du contre-interrogatoire et qui utilise la plaidoirie de manière concise et efficace pour venir concrétiser le travail réalisé en amont pendant les débats, en guise de synthèse des travaux menés devant la cour d'assises par la défense.

Il ne s'agit donc pas pour lui de réaliser une prestation oratoire débordant d'effet de manche superfétatoire ou d'un exercice d'éloquence narcissique inutile, mais bien au contraire, de présenter une argumentation se nourrissant des points marqués pendant les débats par la défense, en allant à l'essentiel et dans l'unique but de convaincre.

Afin de résumer nos deux personnalités d'avocat en cour d'assises, certains de nos confrères caricaturent ou résument nos styles respectifs, en considérant que maître Schwerdorffer aime affronter le conflit dans l'arène judiciaire de la cour d'assises, et sait y faire face avec détermination, alors même que pour ma part, j'affiche un goût plus prononcé pour la diplomatie nécessaire et la séduction de l'auditoire.

Cela n'est bien sûr qu'une présentation caricaturale de nos styles respectifs en cour d'assises, étant précisé que nous sommes en parfaite adéquation sur la stratégie commune à mettre en œuvre pour la défense de notre client, et ce sans qu'aucun souci d'ego ou de narcissisme mal placé ne vienne interférer dans notre travail conjoint (ce qui n'est pas toujours le cas en cette matière).

En ce qui concerne le procès de Florian, la stratégie a consisté, avant tout, à convaincre les jurés de la cour d'assises de la réalité objective de la légitime défense employée par Florian face à l'agression dont son ami et lui étaient victimes dans un cadre crapuleux.

Il s'agissait surtout d'arriver à immerger les jurés dans les faits qui leur étaient soumis, afin qu'ils se mettent personnellement à la place de Florian au moment du déroulement des faits, afin de pouvoir apprécier *in concreto*, et non pas *in abstracto*, le déroulement desdits faits.

En effet, pour analyser l'acte de légitime défense d'un citoyen, il convient de se mettre dans sa tête et à sa place, afin de comprendre ce qui peut se passer pour une personne qui se trouve soudainement confrontée à une agression physique ou une atteinte à ses biens, qui vient faire effraction dans son psychisme et le conduit à adopter un comportement défensif adapté, par une réaction immédiate et quasi réflexe.

On parle, dans ce type de circonstance, du cerveau reptilien de l'individu, c'est-à-dire des mécanismes profonds de notre psychisme, qui nous font réagir face à une agression afin de défendre notre intégrité physique, voire notre existence même.

Ce type de réaction ne laisse guère de place à une réflexion objective aboutie, mais conduit la plupart du temps les personnes à des actions réflexes plus ou moins pertinentes ou mesurées, mais il convient d'avoir à l'esprit la difficulté que représente ce type de réaction pour quelqu'un qui n'est pas soumis de manière habituelle à un contexte de violences.

En l'espèce, maître Schwerdorffer et moi-même savions que la projection de l'enregistrement vidéo de la scène en cause aux jurés aurait nécessairement un impact sur leur compréhension des faits, dès lors que cet enregistrement permettait de restituer dans toute son intensité, à la fois la rapidité de l'agression subie initialement par Florian, mais également l'intensité de la violence déployée par ses agresseurs, tant à l'encontre de son ami que de lui-même.

Il y a d'ailleurs fort à parier que sans cet enregistrement vidéo de la scène, Florian aurait été condamné pour les faits qui lui étaient reprochés, malgré toutes les explications qu'il aurait pu apporter à la justice.

En effet, pour certains magistrats, la légitime défense semble constituer un concept juridique problématique, dès lors qu'il conduit à légitimer un acte de violence dans certaines conditions définies par le droit, alors même que notre société est devenue totalement allergique à toute forme de violence, même légitime.

Cela conduit donc certains juges à procéder à une analyse excessivement stricte des conditions juridiques permettant à la légitime défense de s'appliquer, voire parfois à ajouter des conditions à ladite légitime défense qui n'ont pas été prévues par le législateur, comme le fait de prétendre que si la victime peut fuir, elle n'aurait pas alors la nécessité de se défendre.

Dans le dossier de Florian, c'est la position juridique qui avait d'ailleurs été retenue par le juge d'instruction qui avait considéré que Florian avait eu la possibilité de fuir ses agresseurs, ce qui aurait sous-entendu qu'il n'avait pas la nécessité de se défendre face à leur agression.

En visionnant l'enregistrement vidéo de la scène de la rixe, une telle appréciation apparaissait relativement théorique, dès lors que Florian aurait dû, pour fuir, tourner le dos à ses agresseurs, qui auraient eu alors la possibilité de le frapper par surprise, et auraient pu également le poursuivre afin de tenter de le rattraper.

Cette exigence de fuite apparaît d'ailleurs tout à fait critiquable tant sur le plan juridique que sur le plan moral, dès lors que cela ferait injonction au citoyen de fuir face à une agression illégitime plutôt que de se défendre face à ladite agression, afin de protéger autrui ou ses biens.

En résumé, nous savions que nos principaux alliés devant la cour d'assises pour plaider la légitime défense au bénéfice de Florian seraient les jurés citoyens, fort sensibles à cette question.

Force est de constater que l'impact de l'enregistrement vidéo de la scène sur les jurés a été effectif et que ceux-ci ont eu ces images à l'esprit lorsqu'ils ont été amenés à statuer sur le sort de Florian.

Nous savions également que le contre-interrogatoire des agresseurs de Florian serait certainement tout à fait intéressant afin d'éclairer les jurés sur leur personnalité et la logique crapuleuse qui les avait animés au moment des faits.

Je me souviens notamment de l'un des accusés, agresseur de Florian et de son ami, qui, sur question de maître Schwerdorffer sur cette scène, avait fait valoir qu'il aurait suffi que Florian et son ami se laissent tranquillement dépouiller pour qu'il n'y ait absolument aucun drame dans cette affaire et qu'on n'en arrive pas à cette issue fatale.

Cette réponse aberrante ne pouvait, bien évidemment, qu'être bénéfique à la cause de Florian, dès lors qu'elle démontrait que dans la logique de ses agresseurs, un citoyen avait vocation à se laisser dépouiller et n'était guère légitime à se rebiffer et se défendre avec violence contre ladite agression, ce qui revenait à renverser les responsabilités de façon tout à fait fallacieuse en faisant supporter à la victime initiale qui s'était défendue, la responsabilité du décès de l'un de ses agresseurs lors de la défense déployée.

La même logique biaisée se constate d'ailleurs parfois lorsque certains nous expliquent que des policiers ne sont pas légitimes à poursuivre un délinquant lors d'un refus d'obtempérer et considèrent qu'en cas d'accident mortel pour ledit délinquant, la responsabilité en incomberait aux policiers qui ont eu le tort de continuer la poursuite engagée.

Il convient bien évidemment de faire primer l'application du droit, nourri du bon sens, face à ce type de situation qu'est la légitime défense.

Est-ce qu'il est difficile de plaider en appel pour un accusé qui a été acquitté en première instance ?

La réponse est affirmative pour les motifs précédemment exposés. En effet, cela n'est pas parce qu'une personne a été acquittée lors du procès de première instance qu'elle sera nécessairement acquittée en appel.

Il n'y a absolument aucune garantie en cette matière et l'avocat pénaliste sait qu'il faut tout recommencer à hauteur d'appel.

En effet, devant la cour d'assises d'appel, les juges et les jurés n'ont pas assisté au débat de première instance, et la cour d'assises n'étant pas mémorative, les parties ne peuvent pas faire référence à ce qui a été dit lors des débats de première instance, sauf si cela a été acté spécialement à la demande de l'une des parties lors du premier procès, ce qui demeure l'exception.

Par ailleurs, l'argumentation qui a été développée par la défense était désormais parfaitement connue des avocats des parties civiles, mais également connue de l'avocat général dès lors que celui-ci a pris connaissance, à travers l'arrêt d'acquittement rendu en première instance, des motifs adoptés par la cour correspondant à l'argumentation déployée le plus souvent par la défense.

Il n'y a donc plus d'effet de surprise en la matière et il en va de même en ce qui concerne le contre-interrogatoire des témoins et des parties qui savent désormais à quoi s'attendre.

Bien évidemment, il est tout à fait préférable d'arriver devant une cour d'assises d'appel en ayant eu, en première instance, un acquittement prononcé plutôt qu'une condamnation.

Mais, d'une certaine manière, la pression sur l'avocat de la défense est d'autant plus importante qu'il a savouré le parfum de la victoire en première instance, en obtenant un acquittement et qu'il ne souhaite absolument pas que ce verdict soit remis en cause à hauteur d'appel, ce qui constituerait alors une décision aussi définitive que cruelle à son endroit.

Il convient donc d'aborder le procès d'assises en appel en analysant ce qui a bien fonctionné en première instance et ce qui, au contraire, a posé difficulté dans les débats afin d'y remédier par avance, tout en prenant en compte ce qui a été retenu par la cour d'assises de première instance dans sa motivation, pour arriver à une décision d'acquittement, et, à cet égard, solliciter le renfort d'un avocat à son côté qui apporte un regard neuf sur le dossier constitue un atout intéressant pour la défense, ainsi qu'exposé précédemment.

Vous avez obtenu quinze acquittements. Quel est le procès d'assises qui vous a le plus marqué ?

Il est très difficile de retenir un dossier en particulier dès lors que des procès d'assises aboutissant à une condamnation peuvent parfois être plus marquants, car aussi plus cruels pour l'avocat, que des procès ayant abouti à des acquittements.

Néanmoins, le procès concernant Florian fait partie de ceux qui m'ont particulièrement marqué, compte tenu de l'intensité des débats, de l'intérêt juridique de ces mêmes débats, et de l'enjeu judiciaire qui pesait sur les épaules de Florian.

De surcroît, maître Schwerdorffer et moi-même étions totalement convaincus de l'absence de responsabilité pénale de Florian et de la réalité de la légitime défense à laquelle celui-ci avait été contraint d'avoir recours dans des circonstances exceptionnelles.

Ainsi, au-delà même du challenge intellectuel de ce procès d'assises, il apparaissait particulièrement gratifiant, pour l'avocat de la défense, d'être en totale adéquation entre l'exercice des principes du droit par la défense et le respect de l'équité que constituait l'acquittement de Florian.

Nous n'avions, en effet, nul doute sur le fait que Florian ne méritait pas d'être déclaré coupable, et donc pas davantage d'être incarcéré.

Cela aurait été, pour nous, une grande injustice d'assister à sa condamnation à hauteur d'appel, de sorte que nous sentions l'obligation professionnelle et éthique de parvenir à obtenir son acquittement.

Il y a donc à la fois, dans ce procès, la satisfaction du travail accompli avec rigueur, mais également d'un résultat juste tant sur le plan du droit que de la morale (au sens de l'équité).

Que pensez-vous d'un des chapitres du livre de Randall Schwerdorffer : « MeToo ou mytho » ?

Il s'agit là d'un sujet qui agite le débat sociétal, juridique et judiciaire de manière particulièrement intense à notre époque.

Je rejoins sur bien des points maître Schwerdorffer concernant les griefs qu'il peut faire valoir concernant les dérives auxquelles nous assistons en matière d'accusation à caractère sexuel et sexiste depuis la vague sur les réseaux sociaux baptisée MeToo.

En effet, si une victime d'abus sexuel est totalement légitime à faire connaitre les faits qu'elle a subis, à déposer plainte et à tenter d'obtenir la condamnation de l'auteur de ces mêmes faits, en revanche, les réseaux sociaux ou les médias traditionnels n'ont pas vocation à se substituer aux juridictions judiciaires.

Il en va de la préservation de l'État de droit qui garantit le respect de la présomption d'innocence pour tous, ainsi que le respect du contradictoire, c'est-à-dire la nécessité d'appréhender, à la fois les déclarations d'une plaignante, mais aussi celles de la personne mise en cause, et d'examiner avec objectivité et impartialité les éléments de preuves apportés tant à charge qu'à décharge, par toutes les parties concernées par l'affaire.

En l'absence du respect de ces droits fondamentaux que sont les principes d'équité, d'impartialité, de respect du principe du contradictoire et de présomption d'innocence, il ne peut y avoir de justice.

Lorsque les animateurs des réseaux sociaux et des médias s'affranchissent du respect de ces règles et s'octroient le pouvoir de juger, on assiste alors à des tribunaux d'exception médiatiques devant lesquels la passion l'emporte sur la raison, l'émotion prime devant la rationalité et la présomption de culpabilité de la personne mise en cause finit par prévaloir dans un débat univoque, c'est-à-dire dépourvu le plus souvent de tout contradicteur.

Sacraliser la parole d'une plaignante ou d'un plaignant revient à fonder un nouveau dogme aux termes duquel la personne mise en cause n'a d'autre choix que d'admettre sa culpabilité, quelles que soient la réalité ou la complexité des faits, son bannissement social étant assuré quelle que soit la décision judiciaire qui sera rendue par la suite.

En vingt-trois ans de carrière, j'ai eu à défendre suffisamment de personnes innocentes, tant en matière d'infraction sexuelle que dans d'autres domaines relevant du droit pénal, pour savoir qu'une personne peut être mise en cause à tort par un plaignant, et ce pour des motifs divers et variés, propres à la complexité de la psychologie humaine.

Et quand bien même il serait démontré ou admissible que la plupart des plaignants ont été réellement victimes des faits qu'ils dénoncent, un tel principe ne saurait permettre de sacrifier des cas minoritaires sur l'autel d'un nettoyage moral de masse.

En effet, on ne saurait pratiquer, en matière d'accusation sexuelle, la doctrine qui agitait l'Inquisition contre les Cathares avec la célèbre formule lancée par le légat pontifical Arnaud Amaury lors de la croisade des Albigeois : « Tuez-les tous, Dieu reconnaîtra les siens ».

D'ailleurs, si, par extraordinaire, l'un de vos proches venait demain à être accusé à tort d'infractions qu'il n'a pas commises, vous seriez bien évidemment le premier à considérer qu'il convient de respecter ses droits fondamentaux avant de vouloir le déclarer coupable.

Aucune cause, aussi légitime soit-elle, ne peut permettre de remettre en cause notre édifice judiciaire, bâti depuis la Déclaration des droits de l'homme et du citoyen de 1789, héritage de la pensée des Lumières.

Chapitre 8

L'affaire de Charles : Aux frontières de la légitime défense.

Voilà l'histoire criminelle d'un homme sans histoire. Qu'on ne se méprenne pas sur l'expression, elle n'a rien de péjoratif. Charles était un artisan électricien, la trentaine, papa d'une petite fille. Un homme discret qui s'occupait de ses affaires et était apprécié pour sa gentillesse. C'est cet homme discret, travailleur, et proche des siens qui allait se trouver au cœur d'une affaire criminelle retentissante, le tout en l'espace de quelques secondes.

Le 14 juillet 2008, le couple B. rentre chez lui dans le petit village de Vezet, en Haute-Saône. C'est un petit village de cent quatre-vingt-huit habitants, autant dire que tout le monde se connaît, et tout le monde à sa réputation, bonne ou mauvaise. La famille B., gens du voyage sédentarisés, a une très mauvaise réputation, surtout l'un de ses fils, Frédéric, trente-cinq ans, handicapé à 80% et très limité intellectuellement.

Dans le village de Vezet, on ne l'appréciait pas, mais alors pas du tout. Il n'y avait pas un habitant qui n'avait pas quelque chose à lui reprocher sauf, peut-être, Charles.

Le 14 juillet, en rentrant dans la maison, les parents de Frédéric B. l'ont retrouvé allongé sur le sol dans une mare de sang. Il était mort, il avait visiblement reçu des coups de couteau.

Les gendarmes ont été prévenus, tous les prélèvements ont été effectués. On a pris des photos de la zone de découverte du corps. On a interrogé les voisins. On a recherché le couteau, mais l'on n'a rien trouvé.

Le médecin légiste a rendu son rapport. Il y avait trois plaies distinctes, les trois dans la région du cœur résultant manifestement des coups portés par une lame de style couteau à steak. Le décès a été rapide, la victime s'étant vidée de son sang.

Voilà ce qu'on sait, en juillet 2008. Aucun témoin, aucune vidéo, une téléphonie totalement sans intérêt et une centaine de suspects potentiels. Un gendarme confiait même au journaliste, Sébastien Michaux : « Ici, tous les gens sont potentiellement suspects ». Les gendarmes ont interrogé les habitants, tous les habitants. Cela a été long et cela n'a rien donné, sauf deux choses. Tout le monde reprochait quelque chose à Frédéric, surtout des vols, des dégradations, même une agression sexuelle qu'il aurait perpétrée sur une habitante âgée, quelques jours avant le drame.

Deux petites choses quand même. La première, c'était que la seule personne qui n'avait rien à dire et à reprocher à Frédéric, c'était un artisan, un certain Charles. Et puis les gendarmes qui l'ont interrogé ne le sentaient pas, comme on dit familièrement. Il était mal à l'aise, il transpirait beaucoup, il avait le regard fuyant… en bref, il n'était pas clair, ce Charles.

Quelques jours après son audition, on a entendu sa femme. Manifestement, il aurait sorti le chien dans la nuit du 13 au 14 juillet, il se serait couché très tard, mais bon, rien d'anormal en soi. L'avait-elle trouvé perturbé le lendemain ? Un peu, oui, plutôt taiseux, mais bon, ce n'est pas un expansif. Et puis, les gendarmes ont appris qu'un cabanon de jardin chez un voisin de Charles avait été fracturé la nuit du 13 au 14 juillet ! Ce n'était pas anodin, cette information. Les voisins étaient effectivement absents cette nuit-là !

Les gendarmes n'avaient que cela comme indices et ils ont décidé de placer Charles en garde à vue, ce qui, il faut bien l'admettre, était très faible en termes d'indices, mais c'est ainsi. On verrait bien. Ce n'était pas un délinquant, il n'avait jamais été placé en garde à vue de sa vie, s'il était impliqué ou qu'il savait quelque chose, il allait parler. Il faut dire qu'il commençait à peser une drôle d'ambiance dans le village. La mère de Frédéric était persuadée qu'il y avait eu un complot contre son fils et que tout le village savait et était impliqué. Elle était convaincue que Frédéric avait été tué quelque part dans le village, puis déposé mort chez eux avant qu'ils ne rentrent.

Pourquoi pas ? En matière criminelle, tout est toujours possible tant l'imagination meurtrière de l'homme est sans limite, mais les gendarmes en doutaient. Ils avaient leur idée qui allait s'avérait juste. Charles n'avait pas tout dit. Il allait parler.

Charles est placé en garde à vue pour des faits de meurtre sur la personne de Frédéric B. sur le seul fait qu'il habite à proximité du lieu de cambriolage, qu'il a reconnu être sorti le soir du crime promener son chien, et que son attitude lors de son interrogatoire comme témoin avait laissé entrevoir un certain malaise de sa part. Les gendarmes n'ont pas l'arme du crime, pas d'ADN, pas de vidéos, pas de témoins oculaires, rien.

L'intuition des gendarmes a été bonne. Après quelques réticences compréhensibles, Charles est passé aux aveux. C'était lui qui avait donné les coups de couteau à Frédéric le soir du 13 au 14 juillet. Il était sorti promener son chien comme d'habitude, quand il a vu une étrange lumière dans le cabanon du voisin. Il a rentré son chien, a pris un couteau dans sa cuisine puis il est retourné près de chez son voisin, en direction de l'abri de jardin. Il s'est retrouvé devant la porte du cabanon qui s'est ouverte brusquement, il a vu un homme avec quelque chose de long dans les mains lui foncer dessus, il a pris peur et il a frappé avec le couteau face à lui. Impossible pour lui de garder cela secret, il fallait qu'il avoue. L'honnête homme ne pouvait pas vivre en conservant un secret criminel, c'est constant dans les affaires.

Combien de coups de couteau? Charles ne savait plus. Il venait d'avouer ce qui s'était passé, il ne voulait tuer personne, il a pris peur et a frappé pour se défendre.

Charles est présenté dans la foulée au juge d'instruction qui l'a mis en examen pour meurtre. Il savait que sa vie avait basculé le soir du 13 au 14 juillet. Lui qui n'avait jamais exercé la moindre violence de sa vie, qui d'ailleurs n'avait aucun contentieux personnel avec Frédéric, c'est pourtant lui qui l'a tué.

Charles a passé neuf mois en détention provisoire. Un comité de soutien s'est même créé à Vezet, tout le village en fait partie, on est avec lui. Une reconstitution des faits est intervenue, elle était essentielle concernant la compatibilité de la version des faits par Charles et les constatations médico-légales. En effet, il y a trois cents mètres entre l'endroit où Frédéric a reçu les trois coups de couteau et l'endroit où on a retrouvé son corps, dans la maison familiale. Le tout s'est déroulé sous les regards de l'ensemble du village de Vezet, formé en comité de soutien à Charles. Sous la direction du juge d'instruction, Charles a montré où il était au moment où Frédéric est sorti précipitamment. Il a essayé de reproduire la façon précise avec laquelle il avait porté ses trois coups. C'était compliqué, c'est toujours compliqué de revenir sur une scène de crime pour celui qui est impliqué.

Et puis, il a montré le chemin qu'avait pris Frédéric qui était parti en courant chez lui, malgré ses blessures qui allaient s'avérer létales. Le médecin légiste a confirmé que la version de Charles était plausible eu égard à ses constatations médico-légales.

L'hypothèse du corps déplacé de la scène de crime, puis déposé chez lui par des habitants de Vezet s'est éloignée.

L'affaire a fait l'objet d'un renvoi devant la cour d'assises de la Haute-Saône, à Vesoul, et c'est maître Jérôme Pichoff (qui n'était pas encore mon associé) qui allait assurer sa défense. L'accusation a demandé une peine pour meurtre de six à huit ans, ce qui était relativement faible. La cour d'assises a suivi la plaidoirie de maître Jérôme Pichoff en requalifiant les faits en violences volontaires avec arme ayant entraîné la mort sans intention de la donner. La peine a été exceptionnelle puisque le 7 avril 2011, la cour d'assises a condamné Charles à cinq ans dont quatre assortis du sursis. Le lendemain, le journal *Le Parisien* titre : « Un an de prison pour avoir tué "la bête noire" du village ».

Un peu comme dans le dossier de Florian, le parquet n'a pas accepté la peine pour des raisons qui relevaient plus de la morale qu'autre chose. Un an de prison pour avoir tué un homme de trois coups de couteau ! C'était inacceptable.

J'avais naturellement suivi l'affaire, il y avait même eu un reportage sur le dossier. Maître Jérôme Pichoff m'a contacté pour savoir si je serais intéressé pour gérer le procès avec lui devant la cour d'assises d'appel de la Côte-d'Or, à Dijon. Je savais que l'affaire était périlleuse et qu'il y avait une très grande chance d'aggravation de la peine, mais le dossier était passionnant et Charles, un homme qui donnait envie de le défendre. Et puis, à chaque fois que j'ai eu à prendre un dossier d'assises avec maître Pichoff, nous avons toujours obtenu d'excellentes décisions. Nous voilà donc partis à Dijon, nous sommes en février 2017.

Les enjeux étaient très lourds. Une fois de plus, faire un pronostic relevait de l'impossibilité la plus absolue. Comment allait se dérouler l'audience ? On n'en savait strictement rien, mais nous étions prêts, c'est tout. Prêts à tout donner pour au moins obtenir la confirmation de la condamnation obtenue par

Jérôme à Vesoul. Nous savions que cela n'allait pas être facile. Charles nous a laissé gérer, il n'a rien demandé. Il savait qu'il était dans une situation délicate et compliquée et qu'il fallait nous laisser travailler pour lui comme on le souhaitait.

La famille de Frédéric était assistée par un confrère parisien, maître Marcel Ceccaldi.

Avec maître Pichoff, une idée nous trottait dans la tête depuis un certain temps. Et si nous abordions dans les débats, lors de l'audience, la question de la légitime défense ? Cela n'a jamais été fait avant. On verrait si l'audience s'y prêtait ou pas.

Dès le début du procès d'appel, on a senti que le président de la cour d'assises n'était absolument pas d'accord avec la décision de Vesoul. Il a fait le résumé de l'affaire à l'attention de la cour, puis a évoqué la décision de Vesoul.

Les débats étaient lancés. Les moments décisifs du procès sont arrivés. Pourquoi Charles a-t-il donc pris un couteau pour retourner à l'abri de jardin après avoir rentré son chien ? Le président a interrogé Charles : « Pourquoi alors que vous n'aviez été victime de rien et que vous n'aviez jamais eu de problème avec Frédéric, sortez-vous avec un couteau ? » Charles : « Je ne sais pas, il faisait nuit, j'ai vu qu'il se passait quelque chose d'anormal dans l'abri de jardin, c'était par sécurité ! » Effectivement, on ne sait jamais sur qui on peut tomber, mais maître Ceccaldi a posé le débat à l'attention de Charles : « La vie d'un homme vaut-elle le vol d'une binette ? » Charles parlait peu, il n'était pas à sa place dans une cour d'assises, mais il y était jugé. « Je ne sais pas, comment voulez-vous que j'explique ce que je n'ai pas voulu ». Le président a anticipé le procès qui allait être fait à Frédéric en reprenant son casier judiciaire et en précisant : « Il a été condamné pour des bêtises ! » Non, il a été condamné pour des infractions pénales et, successivement, maître Pichoff et moi-même sommes intervenus : « Menaces de mort, vols, dégradations multiples…

Non, Monsieur le président, on ne peut pas parler de bêtises juste parce que Frédéric est mort. Ce sont des infractions pénales, des actes de délinquance». Le ton était donné, les témoins que nous avions cités sont venus à la barre et tous, de façon unanime, ont expliqué aux jurés le comportement de Frédéric, jusqu'au dernier témoin, une dame âgée qui est venue expliquer qu'il lui a sauté dessus et l'a agressée sexuellement quelques jours seulement avant sa mort! Pour les habitants de Vezet, le comportement de Frédéric était devenu insupportable. La mère de Frédéric a déclaré à la barre : «Tout le village lui en voulait à mort» et c'était vrai, sauf pour Charles.

Le président a questionné Charles au moment des faits précisément. Qu'a-t-il vu ? Pourquoi avoir frappé ? Voulait-il tuer ?

Charles a expliqué que tout était allé tellement vite, la porte qui s'est ouverte brusquement, un homme avec une barre ou quelque chose dans la main, l'obscurité, il avait eu peur et les coups sont partis. Tuer ? Il était certainement le seul qui n'avait aucune raison de faire du mal à Frédéric, non, pas du tout. Il était dans une situation de très fort stress (certains parlent d'effet tunnel) où la perception des sens est réduite, où la peur et l'adrénaline prennent le pas sur l'analyse rationnelle. Il a frappé dans cet état-là, pour se protéger.

On a interpellé le président : «Monsieur le président, peut-on voir le scellé du pied de biche que Frédéric avait à la main pour le présenter aux jurés ?». Le président a refusé, il n'en voyait pas l'intérêt. Le ton est monté entre la défense et le président: «Pourquoi voulez-vous cacher cette pièce à conviction aux jurés ? » Le président s'est insurgé, il ne cachait rien, et il a fini par faire montrer aux jurés le fameux pied de biche.

C'était un modèle impressionnant, tout le monde a compris qu'avec un tel objet dans la main, face à un homme qui ouvrait soudainement une porte dans la nuit en plein cambriolage, on pouvait naturellement se sentir menacé. Et puis, il avait trouvé normal d'aller vérifier qu'il n'y avait pas de problème chez son voisin ! C'est ce qu'a dit Charles.

Dans un tel contexte, et en accord avec maître Pichoff, je me suis levé et j'ai informé le président que la défense allait demander, dans les questions à poser à la cour d'assises, que soit inscrite en plus la question de la légitime défense. Le président a acquiescé, il n'avait de toute façon pas d'autre choix désormais que de la poser, puisque la défense le demandait. Le débat s'est complexifié. On a senti les jurés réceptifs vis-à-vis de Charles. Ils le regardaient, ils posaient des questions à décharge via le président, le procès était en train de tourner à notre avantage.

Le ministère public allait requérir sur la base de l'hypothèse des parties civiles et de la démonstration de leur avocat, maître Ceccaldi. Selon eux, Charles n'avait pas agi seul. On avait délibérément tué Frédéric à la sortie de l'abri de jardin, puis on avait déplacé son corps à deux (au moins) jusque chez lui. Il a terminé son réquisitoire en demandant de retenir l'intention homicide et de condamner Charles à huit années de prison et, s'adressant à lui, il a déclaré : « Vous vous êtes cru investi d'une mission de salubrité publique en supprimant volontairement le fauteur de troubles du village ».

Charles n'a rien répondu. Il était très choqué par les réquisitions. Un complice ? Le corps déplacé ? L'élimination de Frédéric ?

Avec maître Pichoff, nous avons dû revenir au dossier, aux éléments examinés et acquis au fur et à mesure des débats. D'abord, Charles n'avait aucun contentieux à régler avec Frédéric, strictement aucun. Ensuite, le médecin légiste a été très clair dans son rapport et à la barre de la cour, les déclarations de Charles sont compatibles avec ses constatations médico-légales. Donc, ce que Charles disait, à savoir que Frédéric avait couru jusque chez lui, était tout à fait possible pour le légiste, au vu des blessures constatées. Il était rentré chez lui, puis s'était effondré. Ceci excluait la thèse (nouvelle) de l'accusation et des parties civiles « Charles n'était le bras armé de personne ! »

Sur les coups, soit l'on considère que ce qu'avait décrit Charles avec cet homme qui surgissait de derrière la porte de l'abri de jardin, un pied de biche en main, justifiait qu'il porte les premiers coups, dans une situation évidente de danger pour lui, et que ces coups étaient proportionnés, et on pouvait retenir la légitime défense en raison de la situation ; soit on réfutait cette thèse et l'on retenait l'intention homicide. Auquel cas, on ne pouvait que constater que l'on n'avait aucun élément pour caractériser une volonté de tuer Frédéric, les trois coups portés ne suffisant pas à caractériser l'intention (coups portés de nuit avec une faible luminosité). Dans ce cas, on a demandé à la cour de confirmer la décision de la cour d'assises de Vesoul.

Charles a dit les derniers mots pour clôturer les débats, fidèle à toutes ses déclarations antérieures : « Je regrette ce que j'ai fait, je n'ai jamais voulu le tuer ».

Après un délibéré assez rapide, la cour est revenue pour rendre son verdict. Le président était agacé, cela se voyait nettement. Il a annoncé la décision : « Monsieur Charles, la cour confirme la décision de la cour d'assises de la Haute-Saône sur votre culpabilité. » Cela voulait dire que Charles était condamné comme à Vesoul pour les coups mortels et non pour meurtre. Le président a précisé : « La cour infirme sur la peine. »

Nous nous sommes regardés avec maître Pichoff, et là, c'était un moment d'angoisse terrible. On s'attendait à une aggravation, cela pouvait même aller jusqu'à des années de prison et pourquoi pas les huit années requises ?

Il a terminé son délibéré: « La cour vous condamne à un an d'emprisonnement. » La cour d'assises de la Côte-d'Or a donc allégé la peine de Charles, elle a enlevé les quatre années de sursis ! On ne s'attendait pas à une telle décision. Naturellement, cela a été l'effondrement du côté de la partie civile, la mère de la victime dira juste, avec raison : « Tout ça pour ça ». Du côté de l'accusation, c'était l'incompréhension. Requérir huit années et obtenir un an de prononcé ! De notre côté, celui de la défense, celui de Charles et de sa famille, et de tous ses soutiens, cela a surtout été le sentiment que la décision au vu des circonstances, était simplement juste et équilibrée.

L'affaire de Charles a défrayé la chronique quelques mois plus tard, quand la mairie de Vezet a voté une délibération au conseil municipal pour aider Charles à payer les dommages et intérêts dus aux membres de la famille de Frédéric, délibération qui n'a pas prospéré puisque la mairie n'avait pas le droit de payer des dommages et intérêts aux lieu et place d'une personne pénalement condamnée.

Interview de maître Anthony Truchy

Qui êtes-vous, maître Truchy ?

Je m'appelle Anthony Truchy et cela va bientôt faire dix ans que j'exerce le métier d'avocat au barreau de Dijon. J'ai trente-cinq ans et suis père d'une petite fille âgée de sept mois, Agathe. Toutes mes études ont été effectuées à Dijon et, à mon sens, il n'est pas indispensable d'intégrer le barreau de Paris pour réussir sur un plan national. Le travail finit toujours par payer, à Paris ou ailleurs.

Le métier d'avocat est, quant à lui, une véritable passion, voire une obsession pour les pénalistes. Les dossiers ne quittent jamais nos esprits et nos téléphones portables sont toujours à proximité, ce qui peut d'ailleurs être pénible pour nos familles, même si ma compagne le comprend parfaitement. Ce travail est un sacerdoce et il faut en accepter les conséquences. Il mérite d'être exercé pleinement, sans aucune concession. Il s'agit d'un métier qui vous fait clairement évoluer sur le plan humain. On ne le choisit d'ailleurs pas par hasard. On doit avoir, au fond de nous, certaines choses à prouver. En tout cas, le métier d'avocat pénaliste vous apprend l'humilité. Les décisions judiciaires sont souvent défavorables et les coups reçus sont parfois difficiles à encaisser.

J'utilise très rarement des citations d'auteur en plaidoirie parce que je trouve le procédé totalement inefficace. Néanmoins, une phrase est écrite sur un *post-it*, vers mon ordinateur, pour ne jamais l'oublier: « Le succès ne dure pas, l'échec ne tue pas mais l'essentiel est de continuer de combattre », Winston Churchill.

Vous faites partie de la nouvelle génération d'avocats pénalistes, qu'est-ce qui a changé selon vous dans le métier ?

À mes yeux, deux phénomènes ont changé le métier d'avocat pénaliste et l'ont d'ailleurs profondément transformé.

Les débats judiciaires : Un combat de boxe.

D'une part, je pense que l'époque des grandes plaidoiries dans l'emphase est révolue. Les magistrats et les jurés, pour être convaincus, n'ont pas besoin d'entendre des platitudes, même dites avec éloquence, pendant des heures. Les gens ont aujourd'hui besoin de concret. Les débats sont dorénavant le cœur de l'intervention de l'avocat, surtout devant une cour d'assises. Il est à mon sens impossible d'obtenir un acquittement sans poser de questions percutantes au directeur d'enquête (un policier ou un gendarme, en fonction du service saisi), qui vient présenter son travail devant la cour d'assises. Les jurés ont très souvent *« un brutal bon sens paysan »* (pour reprendre une expression de l'historien Henri Guillemin) et doivent comprendre clairement, par le biais du contradictoire, ce qui doit les conduire à voter en faveur d'un acquittement. Pour être très clair, je pense qu'une faute grossière, lorsqu'on est avocat, est de se comporter comme une espèce de "sachant" dans une longue plaidoirie, sans être intervenu dans les débats de manière convaincante. En d'autres termes, "Écoutez-moi. Je suis avocat et je vais tout vous expliquer."

Sans aucune flagornerie, Randall a été un des pionniers de l'intervention intelligente de l'avocat lors des débats. Il a d'ailleurs obtenu plus d'une vingtaine d'acquittements, ce qui est tout à fait considérable. Cette approche me paraissait la méthode parfaite à appliquer devant une cour d'assises, mais aucun avocat du barreau de Dijon ne la pratiquait. Randall a été l'une de mes révélations : connaissance parfaite du dossier, questions percutantes / constructives et plaidoirie synthétique / efficace. Lors du début de l'affaire Daval, j'étais donc totalement interloqué de voir d'illustres confrères inconnus de la matière pénale, comme maître Pierrat, critiquer vertement Randall, sur le plateau de BFM TV. Aujourd'hui, en 2023, Randall distille des formations à tous les avocats de France et maître Pierrat n'est plus invité confortablement sur le plateau de BFM TV et a connu quelques difficultés… Le temps fait toujours justice de leurs prétentions.

Pour en revenir à la cour d'assises, en appliquant la méthode décrite ci-dessus, sans tricher avec les jurés, puisque tous nos arguments sont dévoilés pendant les débats (et donc susceptibles d'être contredits), avec mon associé, Louis Legentil, et mon frère, Quentin Truchy, nous avons obtenu trois acquittements (un avec Quentin et deux avec Louis). Mon associé et mon frère ont beaucoup de rondeur dans leur manière d'intervenir lors des débats, ce qui rend d'ailleurs notre duo complet et donc intéressant. Il est très important d'intervenir à deux avocats en défense devant une cour d'assises. Cela permet d'avoir un autre regard sur le dossier et de pouvoir bénéficier d'autres qualités d'intervention pour convaincre. Pour ma part, les débats, lors d'une audience, sont comparables à un combat de boxe. On arrive à l'audience, prêt, avec une parfaite connaissance du dossier et du droit. Une stratégie est mise en place. Les jours précédant l'audience sont compliqués puisqu'on meurt d'envie d'en découdre, donner et recevoir des coups. Lors de l'audience, les intervenants se multiplient (experts, enquêteurs, témoins...) et aucun relâchement n'est possible. À la fin des débats, la messe judiciaire est, à mon sens, déjà dite pour notre client. La plaidoirie ne pourra rien changer. En effet, la plaidoirie doit être une simple synthèse de tout ce qui a été débattu avec respect, fermeté et authenticité. Avec mon associé, on ne plaide jamais plus d'une heure, donc très souvent trente minutes chacun.

Une phrase, mentionnée lors de la Révolution française, peut aujourd'hui parfaitement résumer l'évolution du métier d'avocat en France. Lors de cette période, les Montagnards comparaient les Girondins à des violoncelles : « Un joli bruit mais rien dans le ventre ». Le temps des Girondins est dorénavant terminé devant une cour d'assises.

La procédure pénale : Une partie d'échecs.

D'autre part, je pense également que pour inverser le rapport de force, parce que la justice pénale est violente et que tout citoyen peut un jour devoir y faire face, la procédure pénale est devenue une arme indispensable. Le premier avocat à m'avoir fait prendre conscience de cette évolution est maître Thomas Bidnic, alors que j'étais en stage... au parquet de Dijon (c'est-à-dire l'accusation). Il est arrivé au tribunal de Dijon et a littéralement chamboulé la juridiction. Pour la première fois, j'ai pu constater que le confort d'un tribunal pouvait être contrarié... Thomas m'a fait comprendre l'importance de la procédure pénale mais le véritable "professeur" a été un ancien juge d'instruction à la retraite, Alain Maureille.

La recherche des vices de procédure est un énorme travail, de lecture de dossier et de connaissance du droit. Mais il faut surtout un mentor pour vous guider, comme dans tout métier, et le mien a été Monsieur Maureille.

J'ai rencontré ce magistrat, qui était à l'époque encore en exercice, lors d'un stage avec l'un de ses collègues, à l'instruction en 2012. Sa réputation n'était plus à faire (d'être hostile aux stagiaires, surtout avocats mais également magistrats) et il semblait vouloir la conforter. Après trois semaines de simple politesse (sur un stage d'un mois), notre relation a vraiment démarré après la dégustation de bouteilles de chablis, au secrétariat commun de l'instruction, et cela a débouché sur une profonde amitié de dix ans. Cet homme a changé ma vie.

Monsieur Maureille a été juge d'instruction de 1978 à 2013, à Dijon. Il n'a jamais cédé aux sirènes de la promotion pour quitter son précieux poste à Dijon (le décret obligeant à mobilité dans la magistrature après un certain délai datant d'après 1978). Ce grand magistrat a également succombé au « pur plaisir intellectuel » des nullités, selon ses propres termes. Nous avons passé des soirées, voire des nuits, à en parler. Nous avons obtenu des remises en liberté importantes ainsi que des nullités de l'intégralité de procédure dans certaines affaires. Dans les dossiers d'infractions à la législation sur les stupéfiants, qui se ressemblent souvent, le principal intérêt est de contrôler la régularité de la procédure, de traquer la moindre erreur. Il est évident que cette manière d'exercer la profession crée des ennemis, notamment dans les services d'enquête. Certains gendarmes et policiers ne comprennent absolument pas ces techniques de défense (pas tous, loin de là, beaucoup sont intéressés par la procédure car également passionnés par leur métier). À ce jour, j'ai défendu des policiers, gendarmes, surveillants pénitentiaires et un douanier dans le cadre d'affaires pénales, en défense évidemment. Ils étaient tous extrêmement surpris par la violence de la justice lorsqu'on est accusé d'une infraction. On peut très rapidement tout perdre. Dans tous ces dossiers, j'ai fait usage de la procédure pénale et ils en ont été pleinement satisfaits. Naturellement, le citoyen ordinaire peut être interpellé par l'usage très rigoureux du droit, par certains avocats, comme arme de défense. L'unique question à se poser, pour comprendre l'importance de la procédure pénale, est à mon sens la suivante : si la personne que vous aimez le plus au monde peut être remise en liberté ou voir ses poursuites annulées, renonceriez-vous à tous ces moyens juridiques ? La réponse est évidente, sans surtout oublier le « pur plaisir intellectuel » pour l'avocat…

Quelles sont pour vous les difficultés que rencontre un avocat de la défense dans les affaires d'assises ?

La difficulté majeure à gérer lorsqu'on est jeune avocat aux assises est le stress. Lorsque je vois certains confrères réputés, proches de la fin de carrière, plaider aux assises, ils semblent manifestement devoir encore composer avec le stress. Il n'y a qu'un seul avocat que je n'ai pas vu anxieux (en tout cas très bien donner le change) avant une plaidoirie d'assises, à la coupure méridienne, il s'agit de Randall. Son client avait été acquitté en première instance et l'audience en appel était devant la cour d'assises de la Côte-d'Or, donc à Dijon, ville où est situé mon cabinet. Nous étions plusieurs lors de ce déjeuner et le talentueux chroniqueur judiciaire local était présent. Randall était en grande forme pour amuser l'assemblée, comme toujours. Il n'a cessé de blaguer, sur plein de sujets, sans parler de son dossier ni de l'audience. Il plaidait quelques minutes après… Cela doit être sa façon d'évacuer la pression. Je ne suis pas allé l'écouter plaider l'après-midi mais mon ami journaliste m'a raconté qu'il avait été "impressionnant". On a tous différentes manières de gérer le stress mais l'enjeu est très important et le poids des responsabilités peut parfois être écrasant.

Après dix ans d'exercice, ce poids commence clairement à s'atténuer, même s'il est toujours présent. Une cour d'assises est un lieu d'exaltation des émotions. Tout est multiplié lors d'une audience d'assises et tout ce qui est extérieur au procès n'existe plus. Il n'y a plus aucune notion du temps. Concernant la pression subie, je pense que le meilleur moyen de lutter contre elle est de ne pas tricher avec ses émotions et de les libérer avec authenticité. Cela permet notamment de mieux appréhender l'intensité du moment et de mieux réagir aux situations. Avec une connaissance parfaite du dossier et de la procédure pénale, le stress peut être dompté et cela permet de donner le maximum pour la défense de l'accusé qui nous a accordé sa confiance pour l'assister lors de cette épreuve. Le jour où la pression n'est plus présente devant une cour d'assises, il faut exercer un autre métier ou une autre matière juridique. C'est précisément ce stress qui galvanise et pousse à donner le meilleur de soi pour défendre une personne qui encourt des années d'incarcération. Après, lorsque l'on a tout donné, et comme me l'a très justement dit Clarisse Serre, autre référence absolue de la profession, « cela ne nous appartient plus ». La décision sera prise au nom du peuple français.

Vous êtes connu de plus en plus pour obtenir des résultats grâce à l'exploitation de la procédure pénale. Pouvez-vous nous dire en quoi cela consiste ?

Il faut distinguer deux sortes de vices de procédure.

D'une part, il y a les vices qui concernent le contentieux de la liberté. La sanction, en cas de violation des règles de droit, est la remise en liberté de la personne. Cette dernière sera tout de même jugée pour les faits reprochés mais comparaîtra libre devant la juridiction (Monsieur O. : acte 1 voir ci-après).

Une remise en liberté peut notamment permettre à notre client de trouver un emploi et de se présenter devant ses juges dans les meilleures conditions pour obtenir la peine la plus clémente possible, si aucune relaxe n'est plaidée. Ce n'est pas cette hypothèse pour monsieur O., qui conteste vivement les faits reprochés. Dans ce cas, lorsqu'une relaxe (tribunal correctionnel) ou un acquittement (cour d'assises) est plaidé, je trouve toujours préférable que le prévenu/accusé soit libre pour comparaître devant une juridiction de jugement. En effet, à mon sens, c'est toujours plus compliqué d'obtenir une relaxe ou un acquittement lorsque la personne est détenue, puisqu'une certaine dynamique répressive s'est instaurée. On part toujours de plus loin. Les magistrats doivent se dire que leurs collègues ont souhaité que la personne comparaisse détenue, ce qui peut être interprété comme un signe. Quant aux jurés, c'est toujours plus impressionnant d'avoir un accusé détenu dans un box avec une escorte plus ou moins renforcée. Il s'agit du décor d'une audience et cela peut donner le ton des débats. Rien ne doit être négligé.

D'autre part, il y a les nullités qui concernent le fond du dossier. En cas de violation du droit, des procès-verbaux peuvent être écartés du dossier et il devient interdit d'en faire état, pour les magistrats et les avocats, sous peine de sanction disciplinaire (Monsieur O : acte 2).

Monsieur O. : acte 1, la remise en liberté.

Je défends monsieur O. depuis bientôt huit ans (nous sommes en septembre 2023 au moment où j'écris ces lignes). Depuis toutes ces années, une véritable relation de respect, de confiance et d'estime s'est instaurée. Il est un prévenu "gros profil", comme on dit dans le jargon judiciaire. Ses grands frères étaient d'ailleurs déjà impliqués dans des affaires de stupéfiants alors qu'il n'était qu'un enfant. À huit ans, il a été séquestré par des voyous, qui n'avaient trouvé que ce seul moyen, d'une grande lâcheté, pour régler les comptes avec les frères de monsieur O.

Depuis, il a grandi et, à sa majorité, a également été impliqué dans plusieurs affaires pénales. Lorsqu'il me désigne pour la première fois comme avocat (en cosaisine avec maître Dupond-Moretti), il est incarcéré dans un dossier pour tentative de meurtre.

Pour être synthétique, en matière criminelle, la détention provisoire peut être renouvelée après un an d'incarcération, à la suite d'un débat contradictoire devant un juge des libertés et de la détention et en présence du magistrat du parquet. Monsieur O. vient d'effectuer un an de détention provisoire et un débat sur une éventuelle prolongation de détention est donc organisé. Il est détenu à la maison d'arrêt de Villefranche et, pour faciliter les choses, le juge des libertés et de la détention dijonnais décide de procéder par visio-conférence. Dix jours avant cette audience, j'avise le magistrat que je serai au côté de mon client en détention, donc à Villefranche, pour l'assister. Dans ce cas de figure, lorsque l'avocat n'a pas de copie de procédure à son cabinet (ce qui était mon cas), une copie du dossier doit être envoyée au lieu de détention, pour s'assurer du caractère contradictoire du débat (article 706-71 du Code de procédure pénale). Il est en effet difficile de débattre sur un dossier qui ne nous est pas accessible… Le débat a été organisé le dernier jour de l'expiration du mandat de dépôt de monsieur O. En d'autres termes, un renvoi de l'audience de prolongation de détention en cas de "raté" de l'institution judiciaire était impossible. Mon premier réflexe, une fois arrivé à Villefranche, a été de me rendre au greffe de la maison d'arrêt pour prendre connaissance de la procédure. On peut facilement deviner la suite des événements : aucun dossier n'avait été envoyé, aucun renvoi de l'audience n'était possible et monsieur O. a été remis en liberté quelques semaines plus tard par la chambre de l'instruction de Dijon. Il sera bien évidemment jugé pour cette affaire, mais comparaîtra libre dans ce dossier.

Monsieur O, acte 2 : la nullité de l'intégralité de la procédure.

Hélas, monsieur O. a eu de nouveaux déboires judiciaires. En effet, il a ensuite été mis en cause dans une affaire d'importation d'herbe de cannabis en provenance d'Espagne, en 2017. Plusieurs personnes ont été arrêtées en flagrant délit à proximité de Lyon, mais monsieur O., qui conteste les faits avec fermeté, a été interpellé de nombreux mois plus tard. Aucune nullité n'avait été soulevée pour les quatre autres protagonistes. Pour toute requête en nullité, tout moyen doit être soulevé dans un délai de six mois à compter de la mise en examen de la personne, à défaut, il est trop tard et toutes les nullités sont dites "purgées". Dans cette affaire, la chambre de l'instruction a prononcé la nullité de la quasi-intégralité de la procédure, en estimant que les enquêteurs de la police judiciaire de Dijon avaient commis un détournement de procédure. Ces derniers s'étaient en effet servi de douaniers (qui ont toujours eu une compétence nationale) pour contourner l'article 18 du Code de procédure pénale applicable à l'époque (compétence territoriale limitée ; aujourd'hui, pour les enquêteurs de la police judiciaire, elle est nationale). En d'autres termes, ils ont procédé à des interpellations en dehors du ressort de compétence applicable en 2017 (date des faits), en se servant de douaniers. Le détournement de procédure était évident et la sanction limpide. Monsieur O. a de nouveau été remis en liberté (puisque le dossier n'existait plus) et le dossier a été annulée pour la partie qui le concerne. Malheureusement, cet arrêt de la chambre de l'instruction a été cassé par une décision hasardeuse de la chambre criminelle de la cour de cassation, juridiction dont les voies sont parfois impénétrables. Mais la partie d'échecs continue.

Lorsque l'on obtient de tels résultats, certains clients peuvent penser que, pour chaque dossier, un vice de procédure important sera trouvé pour leur défense. Ce n'est clairement pas la réalité et je suis toujours très clair avec eux. Mon cabinet va faire le maximum pour décortiquer, procès-verbal après procès-verbal, l'intégralité de la procédure, en mettant l'accent sur des points clés du dossier. Pour la recherche des nullités, il faut toujours tenter de frapper là où cela fait mal, notamment au début de l'enquête, pour espérer voir le dossier s'écrouler complètement (avec une espèce d'effet domino). Mais parfois, aucun vice de procédure ne peut être soulevé (car les enquêteurs ont bien fait leur travail) ou cela ne présente aucun intérêt pour la suite des événements (par exemple: nullité d'une perquisition où rien de compromettant n'a été découvert). Dans ce cas, aucune requête en nullité ne sera déposée car il est très important, pour un avocat, de toujours rester crédible aux yeux des magistrats.

Je ne promets donc jamais aucun résultat à mes clients puisque nous ne maîtrisons pas la décision finale, qui relève toujours des magistrats. Parfois, une requête en nullité a nécessité un travail considérable et beaucoup d'énergie, et donc de l'espoir, pour un résultat décevant. Il y a toujours un aléa judiciaire que l'on ne maîtrise pas. Ne rien promettre au client permet de conserver sa totale liberté, ce qui n'a pas de prix. L'important est de toujours donner le maximum, « le reste ne nous appartient pas ».

Une autre question essentielle s'est naturellement posée à mon début d'exercice professionnel. Est-ce que l'on soulève des vices de procédure pour n'importe quel type d'infraction reprochée (viol/terrorisme/pédopornographie...) ?

Pour le terrorisme, la réponse est très simple, puisque je ne défends pas les personnes à qui l'on reproche ce type d'infractions. Certains confrères le font très bien. Mais, en ce qui me concerne, je ressens un trop profond décalage entre mes convictions/émotions et le type de faits reprochés. Notre métier n'est absolument pas du théâtre. Pour convaincre, on ne doit pas tricher avec nos émotions.

Pour le reste, à partir du moment où l'on accepte d'assurer la défense d'une personne, la "traque" aux nullités est ouverte.

Au début de ma carrière, j'ai défendu monsieur R. dans une affaire de violences habituelles sur mineur de moins de quinze ans, suivies d'incapacité supérieure à huit jours (sur le fils d'un premier lit de sa nouvelle compagne), en récidive. Les photos des blessures étaient impressionnantes sur cet enfant âgé de deux ans. La récidive était retenue car monsieur R. avait déjà été condamné pour une affaire de "bébé secoué", le sien, à une peine de douze ans de réclusion criminelle, par la cour d'assises de la Côte-d'Or, le 15 juin 2005.

Monsieur R. a donc été placé en détention provisoire pour ces nouveaux faits reprochés.

À l'issue de l'information, le magistrat instructeur n'a pas respecté les délais prévus par le Code de procédure pénale pour permettre à l'avocat d'effectuer des observations (article 175 du Code de procédure pénale). Après deux renvois de l'audience au fond (pour cause d'autres problèmes de procédure), le tribunal correctionnel n'avait pas d'autres choix que de remettre en liberté monsieur R., dans l'attente de son jugement.

Dans un premier temps, et pour être totalement honnête, j'ai hésité à soulever ce moyen juridique. Monsieur Maureille, pour sa part, ne m'incitait pas réellement à le soulever non plus… Après une longue discussion, au cours de laquelle la morale a été mise de côté, je lui ai simplement demandé : « Monsieur le juge, on ne peut pas décider de manière arbitraire (et au nom de la morale) de soulever ou non des moyens de droits. Si j'accepte un dossier, il est évident que l'on doit soulever tous les vices de procédure possibles. Vous ne pensez pas ? » Le professeur était entièrement d'accord et monsieur R. a été remis en liberté.

Que pensez vos de l'un des chapitres du livre de Randall : « MeToo ou Mytho » ?

Je ne vais pas être un bon contradicteur pour Randall parce que je partage entièrement ses analyses (l'obligation de légitimer son discours en disant que l'on est féministe pour pouvoir avancer nos arguments, l'obligation de dire que MeToo a libéré la parole des femmes…).

Le droit pénal est très clairement le produit d'une époque et nous vivons actuellement dans une société féminisée. Les mots sont importants et l'Histoire de notre pays nous permet de tirer quelques enseignements. Chaque période a été marquée par un mot, qui définissait le crime suprême en fonction de l'époque : régicide, parricide et maintenant féminicide… Cette évolution des termes, au fil des siècles, permet de savoir qui détient le pouvoir politique, puis plus récemment, médiatique.

J'ai toujours eu beaucoup de mal à comprendre cette prise de pouvoir des féministes, qui relève selon moi de l'imposture. Avec leurs postures caricaturales, je me demande si elles pensent sincèrement avoir une hauteur de vue et d'analyse supérieure à Madame Récamier ou à Yvonne de Gaulle…

La femme est évidemment l'égale de l'homme. Il n'y a aucun débat. Et cette évolution est due à des personnalités talentueuses, cultivées et intelligentes. Les femmes et les hommes ont simplement des caractéristiques différentes et cela s'appelle la nature. De nos jours, l'attitude des féministes relève, à mon sens, davantage de la gesticulation et du caprice que de l'argumentation raisonnée.

La meilleure preuve de ma bonne foi est que je suis totalement serein pour l'avenir de ma fille de sept mois, ma petite Agathe.

Elle aura évidemment les mêmes droits que les hommes, elle pourra profiter de l'école de la République française, devenir ce qu'elle veut, se cultiver, se faire soigner gratuitement, boire des verres en terrasse, s'habiller comme elle le souhaite, diriger une entreprise, devenir magistrat… Et tout cela dans le plus beau pays du monde. Il est peut-être temps d'arrêter d'inventer des combats qui n'ont aucun fondement.

Pour aller plus loin, et au-delà d'être féminisée, je pense même que désormais notre société glorifie la victime. La victimisation est devenue une façon de prendre le pouvoir, ce qu'ont parfaitement compris les féministes. Elles se présentent donc sans cesse comme des victimes (de harcèlement, de discrimination, d'agression, d'injustice…), c'est leur stratégie, qui est d'une efficacité redoutable.

Elles imposent donc clairement le *tempo* médiatique et politique, mais qu'en est-il de leurs critiques de l'institution judiciaire (la prétendue absence de prise en considération de la parole de la femme) ?

À titre liminaire, je pense qu'il faut toujours se méfier des personnes qui agissent en meute et qui se servent des réseaux sociaux pour faire de la délation, ce qui a été très précisément le mouvement MeToo.

La réalité est en effet totalement différente.

Il y a dix ans (en 2013), la promotion de l'École nationale de la magistrature comptait deux cent cinquante-deux auditeurs de justice (des élèves magistrats). Cette promotion était composée de 72, 23 % de femmes.

En 2023, la promotion (de trois cent quatre-vingts élèves) est composée de 76 % de femmes…

Peut-on raisonnablement penser que, depuis dix ans (parce que le ratio est identique chaque année), toutes ces femmes ont été complaisantes avec de prétendus prédateurs sexuels ? La réponse est évidente…

La justice a toujours fait son travail, en fonction de ses moyens et de la qualité du travail des enquêteurs. À cet égard, certains policiers et gendarmes critiquent les décisions judiciaires. À mon sens, ils devraient d'abord balayer devant leur porte et prendre du recul sur la qualité de leur travail (les enquêtes), parfois médiocres, ce qui ne permet pas à un magistrat de prendre une décision de poursuite. En d'autres termes, ils devraient d'abord proposer un dossier sérieux et étayé à l'institution judiciaire, avant de la critiquer.

Pour en revenir à MeToo et avoir un raisonnement plus global, Philippe Murray, philosophe et essayiste français, avait, dès 1992, donné quelques clés pour comprendre l'évolution de notre société.

Selon lui, notre société n'a « plus envie de pénis mais de pénal ». Monsieur Murray ne pouvait pas imaginer à quel point il était visionnaire. Un homme doit dorénavant être effrayé de se retrouver seul avec une femme dans un ascenseur. Il ne doit plus désirer, séduire et charmer. Aujourd'hui, c'est un prédateur qui place les femmes "sous emprise".

Certaines féministes vont même jusqu'à solliciter un renversement de la charge de la preuve en matière de viol ou d'agression sexuelle. Selon elles, le doute ne devrait plus profiter à l'accusé mais à la victime… L'époque est totalement délirante et effrayante.

Randall a rappelé quelques noms de personnes présumées innocentes mais qui ont été écartées de la société, dont Ari Abittan.

En juillet 2023, il a été placé sous statut de témoin assisté (il n'existe donc plus contre lui d'indices graves ou concordants d'avoir commis l'infraction reprochée). Mais depuis 2021, sa carrière a été mise en suspens et son nom a été sali. Les dégâts pour toutes ces personnes accusées injustement sont considérables.

Pour terminer, je ne vais pas faire une conclusion en apportant de la nuance à mon propos (façon de légitimer mon discours *a posteriori* pour la doxa dominante). Le mouvement MeToo n'a rien apporté de transcendant. En revanche, ce mouvement a eu des effets destructeurs indiscutables. Et la justice ne l'a clairement pas attendu pour écouter la parole des femmes. L'imposture des féministes, un jour, cessera. En attendant, les tribunaux, eux, continuent toujours de travailler sérieusement.

Est-il difficile de nos jours d'exercer la profession d'avocat pénaliste ?

Lorsque nous exerçons un métier-passion, je considère que nous sommes des privilégiés.

Le métier d'avocat nécessite énormément de travail mais on ne se lève pas tous les matins pour aller à l'usine en faisant les trois-huit.

Avec l'effet métier-passion, je n'ai pas réellement l'impression de travailler. Chaque jour, je prends énormément de plaisir, vis plein d'émotions/de rencontres et continue d'apprendre pour m'améliorer. Aucune journée ne se ressemble, en fonction des urgences (assistance garde à vue, audience, lecture de dossier, rendez-vous client...). Je voyage dans toute la France, vis vite et intensément. Je me sens vivant.

Néanmoins, et à mon sens, deux difficultés compliquent l'exercice de la profession d'avocat pénaliste.

Avocat : un travail pour la gloire mais pas uniquement.

Comme pour tout chef d'entreprise, une pression économique existe. On paie énormément d'impôts et de cotisations (TVA, URSSAF, ...) et les honoraires doivent donc être recouvrés pour que notre entreprise fonctionne afin de se dégager un revenu (et payer des impôts sur le revenu).

Le but de tout travail est bien évidemment de gagner sa vie pour pouvoir apporter un certain confort à sa famille. Je me dis parfois que le ratio temps de travail/rémunération est clairement négatif et que toute cette dépense d'énergie est déraisonnable.

Pour exemple, sur une facture de 1 000 euros TTC, 600 euros sont versés à l'État (20 % de TVA et 50 % de charges). Sur les 400 restants, il faudra bien sûr payer des impôts sur le revenu.

Certains policiers et gendarmes me font sourire lorsqu'ils disent, parfois avec mépris, que les avocats pénalistes sont payés « avec l'argent du crime ». Je n'en sais rien. En tout cas, et s'ils disent vrai, eux aussi. En effet, comme tout chef d'entreprise, nous versons des sommes considérables à l'État par le biais de l'impôt, pour notamment payer les fonctionnaires, dont font partie les gendarmes et les policiers. Je trouve toujours cette remarque grotesque.

Le métier d'avocat est un sacerdoce qu'on ne peut pas exercer en dilettante. On manque beaucoup de moments en famille et c'est un travail qui abîme (peu de pénalistes font des centenaires...). La passion prend néanmoins toujours le dessus, pour la gloire mais pas uniquement.

Avocat : un métier dans l'immédiateté.

L'autre désagrément rencontré dans l'exercice du métier d'avocat, de nos jours, est le besoin d'immédiateté des clients. Il faut tout le temps être disponible et réagir vite. Parfois, nous nous en plaignons. Mais, très paradoxalement, lorsque le téléphone ne sonne plus, nous en souffrons. Cela doit être l'effet métier-passion.

Chapitre 9

L'affaire de « Nounou Colette » : Quand un bébé meurt.

Le 18 octobre. 2010, à 9 h 30, madame Colette D., assistante maternelle, a appelé le docteur Alain M., médecin généraliste dans le Doubs, pour lui demander de venir chez elle en urgence car Tony G., né le 20 juin 2010, qu'elle gardait depuis quelques semaines, était quasiment inconscient et «tout mou».

Le médecin est arrivé quelques minutes plus tard et a trouvé l'enfant dans les bras de madame D., hypotonique (sans tonus musculaire), geignant et présentant des marbrures bleutées.

Le docteur Alain M. a procédé aux premiers examens et soins, et a alerté le SAMU, qui était sur place vers 10 h. Le docteur Marie M., médecin du SMUR, a relevé notamment une détresse respiratoire aiguë avec encombrement bronchique du nourrisson, qui se trouvait alors dans le coma.

L'intubation a été très difficile et Tony présentait une bradycardie sévère (ralentissement pathologique du rythme cardiaque) nécessitant des manœuvres de réanimation. L'enfant a été conduit au CHRU de Besançon, où il a convulsé peu de temps après son admission et est décédé le 20 décembre 2010 à 17 h.

Dès le 3 décembre 2010, un signalement a été adressé par le centre hospitalier au procureur de la République de Besançon en ces termes : « L'enfant Tony G., âgé de cinq mois, présente des lésions neurologiques et ophtalmologiques suspectes d'être en rapport avec des lésions d'un enfant secoué ».

Une autopsie a été pratiquée le 21 décembre 2010 par le docteur Nicolas H., qui a conclu que « la cause et les circonstances du décès de l'enfant ne sont pas déterminées, même si l'hypothèse d'un syndrome de l'enfant secoué est la plus vraisemblable ».

Une étude anatomo-pathologique (analyse des organes, tissus et/ou cellules) a été réalisée, indiquant le 7 février 2012 que « les constatations lésionnelles font évoquer l'existence d'au moins un fait traumatique remplissant les critères de HAS » (la Haute Autorité de Santé) quant à « un mécanisme de secousses violentes ».

Une information judiciaire a alors été ouverte, le 21 février 2012, contre X, du chef de violences volontaires ayant entraîné la mort sans intention de la donner d'un mineur de moins de quinze ans.

Deux experts près la cour d'appel de Paris ont été requis et ont transmis leurs rapports au juge d'instruction les 16 avril et 2 mai 2013. Le professeur Catherine A. et le docteur Caroline R-S. ont affirmé que « le petit Tony G. est décédé de façon directe et certaine des conséquences des lésions intracrâniennes qui ont été produites lors des secouements très violents infligés » ; « les éléments disponibles (description de l'état de l'enfant au matin du 18 octobre 2010 par les parents et l'assistante maternelle) sont en faveur d'un épisode de secouement violent le 18 octobre 2010 entre 7 h 30, heure de l'arrivée de Tony G. chez Madame D., et 9 h 42, heure de l'appel aux secours ».

La messe était dite…

Madame D. a été placé en garde à vue le 15 juillet 2013. Âgée de cinquante-trois ans, sans le moindre antécédent judiciaire, encore effondrée par le décès du petit Tony, elle s'est exprimée maladroitement, a omis certains éléments ou a relaté des faits erronés. Il n'en fallait pas plus pour que ses déclarations soient jugées suspectes !

Madame D. a fini par dire : « Je pense avoir secoué le bébé ». Elle a donc été mise en examen, le 16 juillet 2013, du chef de violences volontaires ayant entraîné la mort sans intention de la donner, crime commis au préjudice d'un mineur de moins de quinze ans par personne ayant autorité sur la victime : elle encourait trente ans de réclusion criminelle.

Le procureur de la République et le juge d'instruction ont sollicité son placement en détention provisoire, plus de deux ans et demi après la mort de Tony !

Fort heureusement, une magistrate plus avisée, statuant en qualité de juge des libertés et de la détention, a placé madame D. sous contrôle judiciaire, mais lui a notamment imposé de résider chez sa fille, dans le département de la Loire, donc loin de son époux vivant dans le Doubs, lieu des faits poursuivis, et lui a interdit de poursuivre son activité professionnelle de "garde d'enfants".

Or, les multiples témoignages recueillis lors de la procédure ont démontré que cette activité n'était pas qu'une profession, mais une véritable vocation. Les experts psychiatre et psychologue qui ont examiné madame D. ont ainsi mentionné : « une vie sociale grâce aux enfants gardés », une « coque identitaire autour de ce substitut maternel ».

Madame D. considérait en effet les enfants gardés comme les siens – « mes gosses » disait-elle en parlant d'eux – et l'attachement était réciproque puisque ceux-ci continuaient à rendre régulièrement visite à « Nounou Colette ».

Tous les parents qui lui avaient confié leur(s) enfant(s) lui ont témoigné leur soutien et lui ont conservé leur entière confiance postérieurement au drame survenu le 18 octobre 2010. Le service départemental de protection maternelle et infantile avait d'ailleurs maintenu son agrément après avoir eu connaissance du signalement judiciaire.

Même les parents de Tony n'ont pas cru à l'implication de madame D. dans la mort de leur fils puisqu'ils lui ont demandé d'être sa marraine lors d'un baptême organisé à l'hôpital lorsqu'ils ont compris qu'il n'y avait plus d'espoir de rémission.

Mais la procédure judiciaire était désormais en marche: un enfant était mort, on ne savait pas vraiment pourquoi, il fallait trouver un(e) responsable...

Après sa mise en examen et avant son deuxième interrogatoire par le juge d'instruction, madame D. a fait appel à maître Jérôme Pichoff.

Elle lui a expliqué qu'elle s'était convaincue qu'elle était à l'origine du décès de Tony puisque les gendarmes lui avaient dit que « les experts étaient formels ». Mais en réalité, madame D. n'a jamais admis avoir secoué le bébé au point de causer des lésions mortelles. Tout au plus a-t-elle déclaré qu'après avoir constaté le malaise de Tony, alertée par le cri du bébé, elle a pu « le soulever à bout de bras et effectuer deux mouvements de haut en bas un peu fort » dans le but de le réanimer.

Elle a maintenu cela jusqu'à la fin de l'instruction.

Néanmoins, madame D. a été renvoyée devant la cour d'assises du Doubs et a comparu les 29, 30 et 31 mars 2017. Elle n'a pas facilité la tâche de ses avocats dans la mesure où elle a eu beaucoup de mal à s'expliquer, en raison de sa personnalité plutôt introvertie et de la charge émotionnelle des débats.

Les parents de Tony n'ont pas assisté au procès, leur conseil ayant indiqué que cette nouvelle épreuve serait trop douloureuse pour eux. L'avocat général a requis la condamnation de madame D. à une peine de cinq ans d'emprisonnement, éventuellement assortie d'un sursis avec mise à l'épreuve. Mais une déclaration de culpabilité n'était pas envisageable pour la défense.

Maître Marjorie Weiermann, puis maître Jérôme Pichoff, mes associés, ont ainsi plaidé près de deux heures.

Maître Weiermann a principalement argumenté sur trois points :

• D'une part, il n'est pas avéré que Tony est décédé des suites du syndrome du bébé secoué ;

• D'autre part, s'il y a eu secouements à l'origine du décès, ceux-ci ne sont pas nécessairement le fait de madame D. ;

• Enfin, si Tony a été secoué par madame D., l'infraction poursuivie n'est pas pour autant constituée puisqu'il s'agirait alors, non pas de violences volontaires, mais de manœuvres visant à réanimer le bébé.

Quant à maître Pichoff, il a notamment repris la personnalité de l'accusée, incompatible avec une perte de contrôle de nature à entraîner la mort d'un nourrisson.

Maître Weiermann s'était beaucoup documentée sur les cas de bébés secoués, tant d'un point de vue médical que sur le plan sociologique, ayant eu à intervenir dans ces affaires à plusieurs reprises depuis 2011.

Certes, il n'y a pas de "profil-type" des auteurs de tels actes mais, le plus souvent, il s'agit d'un parent de moins de trente-cinq ans, épuisé par un premier bébé, qui dort peu – critères remplis concernant la mère de Tony G. – ou d'une nourrice «pas faite pour ce métier», ne parvenant pas à gérer les pleurs d'un nourrisson en présence d'autres enfants.

Or madame D. s'était mariée en 1981 et a eu deux enfants, nés en 1983 et 1987. Elle a obtenu son agrément d'assistante maternelle en 1997 et avait, depuis cette date, gardé de nombreux enfants, dont plusieurs nourrissons, et même un bébé prématuré.

Aucun élément de contexte n'était susceptible d'expliquer un comportement violent de madame D. L'avocat général a tenté de faire état de circonstances exceptionnelles tenant au décès de la tante de madame D. le 17 octobre 2010, mais celui-ci était malheureusement attendu, compte tenu de l'âge et de l'état de santé de cette tante. En outre, en 2005, madame D. avait brutalement perdu un neveu âgé d'à peine 18 ans, dans un accident de la circulation : si elle en avait été naturellement très affectée, cela n'avait pas modifié ses capacités à s'occuper des enfants, ayant toujours été décrite comme « calme et douce » avec eux, les parents la qualifiant unanimement de « nounou idéale ».

Madame D. gardait Tony G. depuis le 22 septembre 2010 et n'avait jamais rencontré de problème particulier dans la gestion du quotidien de ce bébé. De plus, son attitude après le malaise de Tony ne correspondait pas à celle de quelqu'un qui aurait eu quelque chose à se reprocher : elle avait elle-même appelé un médecin, avait répondu à toutes les questions susceptibles d'orienter le diagnostic et elle était demeurée très préoccupée par le sort du bébé.

Surtout, les incertitudes relatives à la cause du décès étaient manifestes au regard des déclarations des différents médecins entendus durant l'enquête préliminaire, minutieusement reprises par maîtres Pichoff et Weiermann.

Le docteur A. Millet, qui n'était pas qu'un "médecin de campagne" dès lors qu'il intervenait depuis quarante ans dans le cadre du SAMU, notamment pour des transports d'urgence pédiatrique, a ainsi expliqué avoir initialement pensé à « un état de choc » résultant d'« une cause infectieuse grave de type méningite », puis avoir conclu à une « mort subite du nourrisson avec une reprise respiratoire tardive» après que le cerveau a «énormément souffert». Il a par ailleurs précisé connaître madame D., qu'il a décrite comme étant «d'une moralité irréprochable, très professionnelle, attentive, consciencieuse et attachée aux enfants».

De même, le médecin du SMUR a évoqué «une menace de mort subite» du nourrisson et a indiqué que la nourrice «est restée professionnelle» tout en montrant «une vraie sensibilité» par rapport à l'état du bébé.

Le docteur Issaid H., exerçant en réanimation infantile au CHRU de Besançon, pourtant à l'origine du signalement, a pour sa part expliqué que les lésions constatées après réalisation des différents examens (scanner, IRM...) «peuvent faire évoquer les symptômes de l'enfant secoué, mais il peut y avoir d'autres explications». Il a précisé que lors des réunions de concertation multidisciplinaires, «les avis étaient très partagés».

Le docteur Cécilia A., praticien hospitalier qui avait pris en charge Tony à compter du 22 novembre 2010 dans le cadre des soins palliatifs, s'est prononcée en faveur d'un «malaise de causes indéterminées», considérant que le «tableau» présenté était «proche d'une mort subite rattrapée».

Le docteur Françoise C., radiologue au CHRU de Besançon, a abondé en ce sens, évoquant «une complication d'un arrêt cardiorespiratoire prolongé, secondaire à une crise d'épilepsie d'origine inconnue, par exemple», avec éventuellement des secouements ultérieurs.

Pour le docteur Claire S., ophtalmologiste, l'hématome sous-dural associé aux hémorragies rétiniennes «évoque le syndrome de l'enfant secoué», mais l'ischémie cérébrale majeure n'est pas typique de ce syndrome et d'autres causes pourraient expliquer ces lésions: trouble métabolique rare ou réanimation «très énergique».

Enfin, le professeur Gérard T., chef du service pédiatrie II au CHRU de Besançon (réanimation infantile, néonatalogie, urgences pédiatriques et néphrologie pédiatrique), a confirmé qu'un massage cardiaque après un arrêt cardiorespiratoire pouvait entraîner des lésions rétiniennes et un saignement péricérébral. Son « sentiment » était « plutôt une mort subite du nourrisson rattrapée », d'autant qu'il n'avait jamais constaté de lésions cérébrales aussi sévères lors de cas de maltraitances et que madame D. lui était « apparue sincère avec des réactions naturelles par rapport aux questionnements » ; elle n'avait pas « cherché à donner d'explications oiseuses » ou à « inventer des choses ».

Par ailleurs, le docteur Pascale V., pédiatre libérale ayant reçu Tony et sa mère en consultation à trois reprises en juillet, août et septembre 2010 dans le cadre du suivi post-naissance, a émis des doutes concernant la prise en charge maternelle du bébé, soulignant que les lésions consécutives à des secouements « ne sont pas symptomatiques immédiatement ».

Lors du procès, la défense a mis en exergue ces incertitudes médicales. Maître Weiermann a notamment demandé aux médecins si l'on pouvait dire que « parfois, on ne sait pas », et il lui a été répondu : « souvent »...

Seule la docteur Caroline R-S. a fait preuve de bien moins d'humilité, procédant par voie d'affirmations péremptoires. Elle est présentée comme «la spécialiste des bébés secoués» et a fait valoir sa qualité d'expert agréé par la cour de cassation pour refuser toute contradiction.

Mais maître Weiermann a repris une affaire jugée il y a quelques années, dans laquelle le docteur Caroline R-S. a conclu à la mort d'un bébé suite à des violences volontaires par secouements, tandis qu'un second collège d'experts avait considéré que le décès résultait des manœuvres du kinésithérapeute (pivot brutal de la tête de droite à gauche, et non secousses de haut en bas). Interrogée sur ce point à l'audience de la cour d'assises de Besançon en 2017, le docteur Caroline R-S. n'a pas voulu admettre qu'elle avait peut-être eu tort. Fallait-il alors considérer que la cour de cassation s'était trompée en renvoyant le kinésithérapeute devant le tribunal correctionnel du chef d'homicide involontaire ou a-t-on évité une erreur judiciaire encore plus grave en ne suivant pas l'avis du docteur Caroline R-S. qui aurait conduit à condamner le père et/ou la mère pour avoir délibérément tué leur enfant ?

Maître Weiermann a également rappelé une autre affaire dans laquelle la plainte déposée par les parents d'un bébé décédé à trois mois et demi a été classée sans suite aux motifs suivants : « Le compte rendu d'hospitalisation révèle deux hémorragies sous-durales et des hémorragies rétiniennes évoquant un enfant secoué, sans que l'on puisse préciser si ces hémorragies sont à l'origine du malaise présenté par le bébé ou si elles sont les conséquences des gestes pratiqués par la nourrice après le malaise ni l'origine du malaise initial de l'enfant ni la cause exacte des hémorragies constatées à son arrivée dans le service hospitalier ne sont déterminées ».

Le président de la cour d'assises, monsieur Plantier, aux qualités humaines indéniables et très respectueux de la présomption d'innocence, avait lui-même résumé les débats en disant que, s'agissant de la cause du décès de Tony G., on oscillait « entre oui peut-être et a priori non »…

La défense a exhorté les juges et jurés à prendre leurs responsabilités, en leur rappelant qu'ils n'avaient de compte à rendre à personne, sauf à leur propre conscience : ni aux parents de Tony, qu'aucun verdict ne pourrait ramener, tandis que d'autres vies – celles de l'accusée et de ses proches – étaient entre les mains de la cour d'assises ; ni à la communauté médicale qui a respecté son obligation légale de signaler un décès suspect, tout en reconnaissant – sauf exceptions éminemment contestables – les limites de la connaissance scientifique.

À cet égard, maître Weiermann a souligné que pendant longtemps, la « maladie des os de verre » était inconnue du monde médical. La seule explication des fractures à répétition des enfants était alors la maltraitance des parents, alors qu'on sait aujourd'hui qu'un traumatisme bénin peut casser un os réputé solide chez une personne atteinte de cette pathologie. Les enfants étaient placés et les parents condamnés pour violences…

Maître Pichoff a très justement conclu par ces mots : « On ne répare pas l'injustice qu'est la mort d'un enfant par une autre injustice que serait la condamnation de madame D. ».

La cour d'assises a entendu la défense puisque, après deux heures à peine de délibéré, madame D. a été acquittée.

L'arrêt d'acquittement, qui n'a pas fait l'objet d'appel par le ministère public, a été motivé, ce qui est rare (la motivation n'étant obligatoire qu'en cas de condamnation), en ces termes :

« Malgré les conclusions du collège d'experts, les témoignages des médecins étant intervenus sur Tony G. et les conclusions du médecin légiste, telles qu'elles ont été développées à l'audience, ne permettent pas de conclure avec certitude à la réalité d'un geste constitutif de violences à l'origine de la mort ; il subsiste donc un doute devant profiter à l'accusée. »

Interview de maître Marjorie Weiermann

Qui êtes-vous maître Weiermann ?

Je suis avocat au barreau du Jura depuis 2006. Dès 2008, je me suis associée avec Randall Schwerdorffer. Nous sommes complémentaires, ce qui nous a permis de développer nos cabinets situés à Dole et à Besançon en exerçant dans diverses matières, principalement le droit pénal et la réparation des préjudices. En 2016, nous avons intégré maîtres Jérôme Pichoff, avec qui j'ai toujours grand plaisir à plaider devant les cours d'assises, Cristina de Magalhaes, en charge des contentieux de droit de la famille et du travail, et Ornella Spatafora. Nous pouvons également compter sur des collaborateurs et assistantes de qualité, dont ma secrétaire très dévouée.

Cela m'a permis de m'investir au profit de la profession, en étant membre du conseil de l'ordre des avocats à partir de 2014 et bâtonnier du Jura en 2020 et 2021. J'ai ainsi dû gérer la quasi-fermeture des juridictions liée à la crise du Covid, ce qui a été compliqué, mais j'ai aussi œuvré à l'amélioration de la justice rendue localement, en échangeant de façon constructive avec le procureur de la République et la présidente du tribunal judiciaire de Lons-le-Saunier. Je visais notamment les objectifs suivants : faciliter la communication dématérialisée avec les greffes et l'adaptation à la procédure pénale numérique, favoriser de meilleures relations entre les avocats et les magistrats, dans le respect des droits de la défense et des contraintes de chacun, et apporter mon assistance aux confrères en difficulté.

Pourquoi êtes-vous devenue avocate ?

Je peinais à répondre à la question : « Que voulez-vous faire comme métier ? » qui était posée chaque année au collège, compte tenu de mon jeune âge, sachant que mes deux parents étaient instituteurs et que je n'avais pas dans ma famille de “modèle” d'entrepreneurs ou de professionnels libéraux. Mais en rentrant au lycée, à quatorze ans, j'ai lu *Le Pull-over rouge* de Gilles Perrault (à propos de l'affaire Christian Ranucci, condamné à mort en 1976 pour l'enlèvement à Marseille et le meurtre de Marie-Dolorès Rambla, âgée de huit ans, et guillotiné cette même année), et j'ai su que je serai avocat. Au-delà des doutes sur la culpabilité de l'accusé mis en exergue par ce livre, le récit de l'exécution, à laquelle ses avocats ont assisté, m'a bouleversée.

Après une licence à l'université de Nice (étant née dans les Alpes-Maritimes), j'ai effectué ma maîtrise en droit privé et sciences criminelles dans la prestigieuse faculté d'Aix-en-Provence. J'y ai également obtenu un DEA (diplôme d'études approfondies) en droit des affaires et un doctorat, car l'élite des étudiants était alors orientée dans cette voie. Pendant l'élaboration de ma thèse, j'ai enseigné le droit civil, le droit pénal et le droit commercial, mais j'ai toujours envisagé de présenter le CAPA (certificat d'aptitude à la profession d'avocat) et de me consacrer essentiellement à la défense des personnes accusées ou victimes d'infractions.

J'ai rencontré mon futur mari, originaire de Dole, cavalier de sauts d'obstacles, lorsque j'avais encore le temps de pratiquer l'équitation, et j'ai fini par m'installer avec lui dans la campagne jurassienne. Le premier hiver a été difficile, le soleil et la mer me manquaient! Mais j'ai prêté serment devant la cour d'appel de Besançon le 9 janvier 2006 et mon activité d'avocat m'a immédiatement passionnée.

Est-ce difficile d'être une femme pénaliste ?

Il y a de plus en plus de femmes pénalistes reconnues, parfois relativement jeunes, à juste titre. Le rôle de l'avocat pénaliste a beaucoup évolué ces dernières années : il n'est plus question de compter uniquement sur son éloquence devant la cour d'assises pour emporter un verdict par "des effets de manche". Désormais, l'avocat peut notamment solliciter des investigations pendant la procédure d'instruction criminelle : il doit donc travailler sérieusement ses dossiers sur le fond.

Les justiciables font ainsi confiance aux femmes, qui sont peut-être davantage rigoureuses. Pour ma part, je ne ressens pas de difficulté avec les clients, à l'égard desquels je suis un peu autoritaire (certains diront beaucoup!), mais un avocat doit être ferme, d'autant plus lorsqu'il s'agit d'une femme. Je pense qu'indépendamment du sexe, ce sont la compétence et l'implication qui font la différence.

De même, je n'ai jamais connu de problème avec les magistrats, qui apprécient sans doute la sensibilité féminine, mais surtout le travail effectué. Quant aux confrères, vous êtes potentiellement plus exposée aux jalousies quand vous êtes une femme qui a quelque ambition et rencontre une certaine réussite, mais j'ai côtoyé de nombreux avocats, de France métropolitaine et d'outre-mer, dans le cadre de mon mandat de bâtonnier, attachés comme moi aux principes qui doivent gouverner notre profession : convivialité et solidarité.

Comment avez-vous vécu le procès de madame D. ?

Je me souviens encore avoir serré le bras de mon associé, Jérôme Pichoff, à l'énoncé du verdict, discrètement, car nous ne pouvions pas nous réjouir ostensiblement de l'issue de ce procès qui concernait la mort d'un bébé. Ce fut une profonde satisfaction professionnelle et personnelle, car nous étions persuadés que l'acquittement s'imposait, en droit comme en fait.

Ce procès fut l'occasion de revenir sur les "dogmes", médicaux en l'espèce, mais il y en a d'autres qui parasitent le débat judiciaire. Il y a quelques années encore, les médecins étaient réticents à admettre qu'un bébé puisse être secoué au point d'en mourir : ce phénomène était largement sous-évalué, beaucoup de décès de bébés secoués étant "classés" dans les morts subites du nourrisson inexpliquées. Aujourd'hui, c'est le contraire. Dès qu'un jeune enfant présente une association d'hématome sous-dural et d'hémorragies rétiniennes, c'est nécessairement qu'il a été secoué... Cette inversion de tendance se rencontre dans d'autres domaines, notamment les accusations d'abus sexuels : on a longtemps négligé la parole des plaignant(e)s ; on l'a sacralisée ensuite... Mais tout excès est dangereux.

Je pense, au-delà de la maladie des os de verre qui a fait des ravages judiciaires et brisé des vies d'enfants et de parents aimants, à l'affaire concernant Sabrina Dietsch et Yoan Bombarde. En 2012, ces parents, résidant dans les Vosges, amènent leur fille Louna, âgée de trois mois, à l'hôpital. Ils expliquent que la mère souffre d'une maladie rare, l'angiœdème bradykinique, qui engendre notamment des traces semblables à des bleus causés par des traumatismes, et que leur fille est sans doute atteinte de cette même pathologie. Mais les médecins n'en tiennent aucun compte : suspectant des actes de maltraitance, ils effectuent un signalement judiciaire. Les parents sont mis en examen du chef de violences aggravées et Louna est placée en famille d'accueil. Il faudra trois ans pour que l'innocence des parents soit reconnue à la suite d'une analyse sanguine confirmant leurs dires ! L'indemnisation qui leur a été accordée ne réparera jamais la privation de ces années auprès de leur fille…

Quel est votre souvenir professionnel le plus marquant ?

Il y en a beaucoup, mais je pense en premier lieu à l'acquittement d'un homme, géorgien réfugié en France, au passé déjà douloureux, par la cour d'assises d'appel de Dijon, en 2008. Il avait été condamné à vingt ans de réclusion criminelle pour le meurtre de son épouse en première instance et avait passé plus de trois ans en détention provisoire, au cours de laquelle il avait cessé de s'alimenter et s'était cousu les lèvres pour montrer que personne ne voulait entendre ses protestations d'innocence. Cet homme est malheureusement décédé quatre jours après son acquittement dans un accident de la circulation. Mais je me rappelle la joie de ses deux enfants à l'énoncé du verdict, qui n'ont jamais cru que leur père avait tué leur mère. J'ai longtemps conservé des liens avec eux, qui apportaient un gâteau au cabinet chaque année, à la date anniversaire de la mort de leur père, pour partager son souvenir.

J'ai également gardé des relations privilégiées avec un homme acquitté en 2009, après avoir été injustement accusé de viol par sa cousine dans leur jeunesse, ou encore avec la sœur d'un jeune homme assassiné la même année par deux connaissances qui voulaient « voir ce que ça faisait de tuer »…

Être avocat est bien plus qu'un métier : non seulement il ne faut pas compter ses heures de travail, et l'activité professionnelle l'emporte souvent sur la vie personnelle, mais surtout, nous sommes quotidiennement confrontés à la souffrance des uns et des autres. Ce n'est pas toujours simple à gérer émotionnellement, mais j'ai le sentiment d'être utile, et c'est cela qui m'anime.

Chapitre 10

L'affaire du double infanticide : Quand une femme tue ses enfants.

Le 15 mai 2013, à 20 h16, le centre opérationnel de la gendarmerie de Vesoul a reçu l'appel d'une femme indiquant: «Je viens de tuer mes enfants... mon copain m'a quittée, il est parti avec une femme... mes petits... ils sont morts... il faut les sauver! » Outre ces propos incohérents, l'opératrice a souligné que cette femme, Aurore B., âgée de vingt-quatre ans, était «totalement affolée». Les gendarmes se sont immédiatemment transportés au domicile d'Aurore B., à Ronchamp, en Haute-Saône. Ils ont trouvé la jeune mère dans l'entrée de l'immeuble, apathique et chancelante, qui leur a déclaré: «J'ai noyé mes enfants». Les gendarmes ont pénétré dans l'appartement et ont découvert une fillette et un garçonnet immergés dans la baignoire, habillés et manifestement décédés. Mélina B. avait deux ans et demi, Elyas F. huit mois.

Aurore B. présentait des blessures aux avant-bras : elle a expliqué avoir voulu se suicider en s'ouvrant les veines avec un couteau, mais les coupures n'étaient pas assez profondes pour provoquer sa mort. Elle était en état de choc. Elle a alors fait l'objet d'une hospitalisation sous contrainte jusqu'au

23 mai 2013, date à laquelle elle a été placée en garde à vue.

Aurore B. a relaté une enfance marquée par la séparation de ses parents alors qu'elle était très jeune, et des attouchements sexuels subis de la part d'un compagnon de sa mère quand elle avait huit ans. Elle a quitté précocement le système scolaire et, dès l'âge de seize ans, a souhaité avoir des enfants.

Aurore B. a rencontré Philippe F., militaire en poste à Belfort, début 2010 : elle avait vingt et un ans, lui vingt-quatre. Une relation intime s'est nouée, sans réelle vie commune, mais Aurore B. a été rapidement enceinte et Mélina est née le 19 novembre 2010. Philippe F. n'a pas reconnu ce bébé, tout en continuant à fréquenter Aurore B., qui a donné naissance à leur second enfant, Elyas, le 30 août 2012.

Au fil du temps, Philippe F. venait de moins en moins souvent voir Aurore B. et les enfants et, quelques semaines avant le 15 mai 2013, Aurore B. a appris qu'il vivait en région parisienne avec une autre femme, Julie D., elle-même mère d'un garçon de deux ans et demi. Aurore B. a alors beaucoup maigri, elle ne dormait plus, ne sortait plus, n'ouvrait même plus ses volets durant la journée… Elle qui n'avait plus de vie sociale depuis sa première grossesse, se limitant à attendre Philippe F. et se dévouant à ses enfants, a sombré dans des ruminations mortifères sans s'en rendre compte.

S'en est suivie une période d'échanges de SMS entre Aurore B., d'une part, Philippe F. et Julie D., d'autre part, aux termes desquels Philippe F. a dénigré, voire insulté, Aurore B., tandis que Julie D. lui écrivait notamment les 11 et 14 mai 2013, veille du drame : « Il ne veut plus entendre parler de toi » ; « On fera les démarches pour qu'il ait ses enfants ».

Le 15 mai 2013, Aurore B. a envoyé plusieurs messages à Philippe F., oscillant entre supplications et menaces. Ainsi, à 12h 13, elle l'a imploré de la rappeler: « S'il te plaît, ça me fait mal pour les enfants, je voulais pas qu'ils aient la vie de parents séparés ». Mais Philippe F. n'a pas répondu, et à 15 h 36, Aurore B. lui a écrit: « Je te promets que les enfants tu pourras plus jamais les revoir et moi je serai autre part! T'inquiètes, tu entendras parler de moi! Et tu regretteras de m'avoir fait cocu et ensuite me laisser! ». Aurore B. a expliqué qu'elle avait alors commencé à « penser » à tuer ses enfants, hésitant entre les étouffer avec un coussin ou les noyer dans leur bain…

Ce sont ce dernier SMS et les déclarations initiales d'Aurore B. qui ont incité le juge d'instruction à retenir la préméditation, circonstance aggravante de plusieurs infractions, dont le meurtre, qui est alors qualifié d'assassinat, tenant au « dessein formé avant l'action de commettre un crime ou un délit déterminé » (article 132-72 du Code pénal).

La défense a contesté cet élément devant la cour d'assises au motif qu'Aurore B. était dans un tel état d'esprit, alternant entre l'espoir et la haine, que l'on ne pouvait considérer qu'elle avait véritablement décidé de passer à l'acte plusieurs heures auparavant. D'ailleurs, Mélina a été raccompagnée chez elle vers 18 h, après avoir passé la journée avec sa grand-mère maternelle. Aurore B. lui a alors donné un bain, ainsi qu'à Elyas, sans mettre son idée à exécution. Elle a ensuite préparé le dîner pour les enfants, repas qu'ils ne mangeront jamais… ce qui démontrait bien la confusion psychique d'Aurore B.! Ce n'est qu'après qu'elle est retournée dans la salle de bains pour remplir à nouveau la baignoire d'eau tiède où elle a noyé sa fille puis son fils.

En outre, si les expertises psychiatriques diligentées n'ont pas caractérisé de trouble ayant aboli ou altéré le discernement ou le contrôle des actes d'Aurore B. (ce qui signifie que celle-ci était pénalement responsable), le docteur Christian C., qui a examiné Aurore B. deux jours après les faits, a expliqué qu'elle se trouvait « en suspension émotionnelle » et ne semblait pas avoir totalement conscience de ses actes. Suite à un examen ultérieur, il a précisé que le passage à l'acte, favorisé par l'immaturité et le faible niveau intellectuel d'Aurore B., traduisait « une véritable cécité affective », la dimension maternelle et l'instinct de conservation pour ses enfants ayant disparu, et il a parlé d' « une impulsion exceptionnelle ». Un collège d'experts psychiatres a ajouté que l'acte criminel était intervenu « en réaction à une situation d'abandon », Aurore B. ne supportant pas la séparation d'avec Philippe F. Sa détresse était exacerbée par un sentiment de rivalité à l'égard de la nouvelle compagne du père de Mélina et Elyas et leur intention de « lui prendre les enfants ». Enfin, l'expert psychologue a également souligné le déficit intellectuel d'Aurore B., son immaturité et des carences affectives primaires, la rendant peu apte à gérer un excès de colère ou une frustration émotionnelle sans dimension impulsive. La psychologue a évoqué un « court-circuit » connu : « l'enfant, considéré comme une partie de soi, est compris dans la velléité suicidaire, pour finalement, à l'issue du passage à l'acte, en devenir l'unique victime. »

Il est important de rappeler qu'environ sept cents enfants sont tués chaque année par un de leur parent, soit presque un tous les deux jours. 10 % de ces meurtres ou assassinats relèvent d'infanticides (néonaticides ou filicides) non liés à des maltraitances récurrentes et sont, la plupart du temps, suivis du suicide manqué de l'auteur du crime qui, soit ne parvient pas matériellement à mettre fin à ses jours, soit y renonce plus ou moins inconsciemment dans une volonté de «retour en arrière».

Néanmoins, la qualification juridique des infractions reprochées à Aurore B. avait peu d'incidence en pratique, puisque la peine de réclusion criminelle à perpétuité est également encourue en cas de meurtre sur mineurs de moins de quinze ans sans préméditation. Il s'agissait essentiellement de tenter de comprendre comment Aurore B., qui ne pensait qu'à être mère avant même d'être devenue femme, décrite par tous comme une maman aimante prenant soin de ses enfants – « mère poule » selon le pédiatre de Mélina et Elyas – avait pu en arriver à leur ôter la vie.

Aurore B. a été ainsi mise en examen du chef d'assassinat au préjudice de ses deux enfants et placée en détention provisoire le 25 mai 2013. Elle a fait plusieurs séjours en UHSA (unité hospitalière spécialement aménagée) en raison de risques suicidaires. Maître Caroline Lavallée, avocate au barreau de la Haute-Saône, a été saisie de la défense d'Aurore B. dès le début de la procédure. Elle a notamment assisté à la reconstitution organisée par le juge d'instruction le 21 janvier 2015, très éprouvante pour tous les participants.

Maître Lavallée a demandé à mon associée, maître Marjorie Weiermann, de défendre Aurore B. à ses côtés devant la cour d'assises de Vesoul les 25 et 26 avril 2016. Au-delà de l'intérêt du travail en équipe dans tout procès criminel dont je suis un fervent partisan, maître Lavallée, étant elle-même mère de deux jeunes enfants, a souhaité s'adjoindre le concours d'une consœur pouvant garder davantage de distance par rapport aux faits. Il convenait en effet de ne pas négliger la réflexion sur certains éléments que la mort de deux enfants pourrait occulter, mais qui étaient essentiels dans l'explication du passage à l'acte de cette mère infanticide.

Maître Weiermann raconte :

Le procès s'est tenu au parc des expositions de Vesoul car le tribunal était en travaux et le bâtiment de remplacement provisoire ne permettait pas d'accueillir la cour d'assises. Le cadre ne présentait donc pas la solennité de la salle d'audience habituelle (où le serment des jurés est inscrit sur l'un des murs). Le lieu s'apparentait davantage à une salle de cinéma et j'en ai ressenti un certain malaise, d'autant qu'il s'agissait d'évoquer la mort de deux enfants, âgés de deux ans et demi et huit mois.

Ce malaise s'est accru en voyant Aurore B. sortir du véhicule pénitentiaire qui l'amenait de la maison d'arrêt de Mulhouse où elle était détenue depuis près de trois ans : elle arborait un haut (blanc, «à froufrou») que je n'oserais guère porter en boîte de nuit ! J'ai donc aussitôt revêtu ma robe d'avocat et lui ai remis ma propre veste. Elle s'est changée sans bien comprendre pourquoi… et si sa tenue du lendemain était moins extravagante, maître Lavallée avait pris la précaution de lui apporter un pullover sobre.

Cela pourrait paraître anecdotique, mais révélait en réalité la personnalité d'Aurore B., et notamment son niveau intellectuel, à la limite de la déficience. Maître Lavallée et moi-même avions l'impression qu'elle n'avait pas conscience des enjeux de son procès, alors qu'elle encourait la réclusion criminelle à perpétuité…

Certes, l'aspect extérieur d'une personne ne doit pas être déterminant, mais la cour d'assises allait juger cette femme en deux jours à peine. Si les trois juges professionnels sont censés réprimer leurs impressions, les jurés sont nécessairement sensibles à l'image que renvoie l'accusé(e), surtout si celui-ci ou celle-ci peine à s'exprimer, ce qui est souvent le cas, et Aurore B. s'est expliquée peu et mal.

Nous avons toutefois compris que cette apparence inadaptée ne traduisait pas de l'indifférence, *a fortiori* du mépris, envers l'institution judiciaire, lorsque la mère d'Aurore B., citée comme témoin par le ministère public, s'est avancée à la barre à la fin de la première demi-journée des débats. Madame Évelyne B. portait en effet un pantalon pour le moins excentrique, en tout cas inapproprié aux circonstances. Pour autant, son témoignage a été extrêmement émouvant. Madame B. nous a longuement parlé de ses petits-enfants, Mélina et Elyas, auxquels elle ne cessait de penser. À travers ses propos, nous les avons vus jouer, entendus rire…

Cela a d'ailleurs été le seul moment du procès où Aurore B. s'est laissée aller à quelques larmes, elle qui est demeurée impassible en entendant sa sœur déclarer : « Le 15 mai 2013, j'ai perdu ma nièce et mon neveu, mais aussi ma sœur ». Angélique L., âgée de vingt et un ans à l'époque des faits, refusait désormais tout contact avec sa sœur dont elle était auparavant pourtant très proche. Aurore B. lui avait téléphoné juste après avoir appelé les gendarmes, en pleurs, en répétant : « Ils vont me prendre mes enfants »…

La déposition de la grand-mère maternelle de Mélina et Elyas a pallié l'attitude du père des enfants, peu à même de nous parler d'eux… Philippe F. s'est présenté devant la cour d'assises avec plus d'une heure de retard et n'a pas craint de s'installer sur le banc des parties civiles, face à l'accusée, avec sa nouvelle compagne qu'il a ostensiblement enlacée !

Certes, comme l'a rappelé le président monsieur Plantier, ce n'était pas le procès de monsieur F., mais nous ne l'avons pas ménagé à l'audience : d'une part, il ne s'était guère investi auprès des deux enfants dont il venait déplorer la disparition, Mélina ne portant même pas son nom ; d'autre part, sa responsabilité dans le mal-être d'Aurore B. ayant conduit au drame était incontestable.

Cela est clairement apparu lors du témoignage de Julie D., citée comme témoin par la défense, pleurant sincèrement à la barre.

Julie D. s'était rapidement séparée de Philippe F., ayant compris qu'il lui mentait comme il avait menti à Aurore B. Philippe F. a d'ailleurs déclaré qu'il « profitait » de Julie D. pour être logé dans le cadre de sa reconversion professionnelle. Pourtant, alors qu'il était revenu auprès d'Aurore B. pendant quatre jours, début mai 2013 – ce qui explique le désarroi d'Aurore B. qui, après avoir tenté de se résigner à la rupture, a cru à nouveau à la vie de famille dont elle rêvait – Philippe F. envoyait les SMS suivants à Julie D. : « Je t'aime » ; « Je ne peux pas être sans toi »…

La cour d'assises a pris en considération ce contexte et la personnalité fragile de l'accusée soulignés par la défense puisque, alors que l'avocat général avait requis une peine de trente ans de réclusion criminelle, Aurore B. a été condamnée à vingt-cinq ans de prison, sans période de sûreté spéciale. Compte tenu de son âge au moment des faits, elle pourrait être libérée, en bénéficiant d'un aménagement de peine, avant d'avoir atteint la quarantaine, soit en étant encore en mesure de procréer… Cependant, un suivi socio-judiciaire a été prononcé, ce qui implique qu'Aurore B. sera nécessairement soumise à un contrôle après sa libération pendant cinq ans, et devra notamment s'astreindre à des soins psychologiques.

Interview de maître Caroline Lavallée

Qui êtes-vous maître Lavallée ?

Je suis avocat au barreau de la Haute-Saône depuis 2006. J'ai créé mon cabinet avec celle qui est encore actuellement mon associée, maître Magali Pagnot.

Je suis plus particulièrement en charge du contentieux pénal et familial tandis que mon associée a une appétence particulière pour le droit social.

Quel que soit notre domaine d'activités, il nous tient à cœur d'assurer humainement, personnellement et sérieusement les missions qui nous sont confiées.

Je suis également investie au sein de mon barreau en étant membre du conseil de l'ordre depuis de nombreuses années où j'ai été élue régulièrement aux fonctions de secrétaire du conseil de l'ordre. Je suis également présidente de la commission Famille du barreau et membre de la commission pénale.

À titre personnel, je pratique la course à pied. J'ai déjà couru plusieurs marathons et je ne peux pas m'empêcher de faire le parallèle entre la dureté de cette épreuve de 42, 125 kilomètres, l'endurance physique et la force mentale dont il faut faire preuve pour passer la ligne d'arrivée avec la défense pénale de certains dossiers !!!

Une affaire de double infanticide est-elle difficile à gérer pour un avocat de la défense ?

Cette question revient presque à se demander comment un avocat peut défendre une mère accusée d'un double infanticide.

Être avocat, ce n'est pas défendre un acte, c'est défendre un être humain, un Homme. C'est comprendre les raisons pour lesquelles tel ou tel individu est amené à commettre l'irréparable.

C'est extrêmement important parce que la loi prévoit que la peine doit être adaptée notamment à la personnalité de l'auteur. Donc comprendre l'accusé, c'est permettre à la justice de le condamner à la peine la plus juste.

Ceci étant, il est bien évident que certains dossiers sont plus difficiles à gérer émotionnellement que d'autres.

Le dossier d'Aurore B. en fait évidemment partie, parce qu'on a tous des enfants, des neveux et nièces autour de nous et que ce genre de dossier nous renvoie à nos expériences personnelles, nos sentiments et nos ressentis.

Il fallait faire comprendre, dans ce dossier, que l'accusée n'était pas inhumaine et dénuée de tout sentiment. Au contraire, elle était décrite comme particulièrement aimante et adaptée dans la prise en charge des enfants.

Mon but a toujours été de faire "revenir" l'accusée dans la société des hommes, de la réhumaniser.

Le fait d'être également mère n'a-t-il pas rendu votre travail plus difficile ?

Je ne dirais pas que le fait d'être mère a rendu l'exercice de la défense plus difficile.

En revanche, cela vous renvoie à des sentiments qui vous sont propres et qui peuvent influer sur votre objectivité. Il faut être vigilant et ne pas "se projeter".

Il ne faut pas se laisser déborder par ses sentiments. Il faut rester objectif et concentré sur l'exercice de la défense.

Intervenir dans des dossiers comme celui-ci vous fait prendre encore plus conscience de la dureté de la vie et de son caractère éphémère.

Quand je retrouvais mes enfants le soir après la reconstitution ou les journées de procès, j'avais au contraire à cœur de passer du temps avec eux et de profiter d'eux à chaque instant.

Pourquoi avoir choisi de gérer cette affaire avec votre consœur, maître Weiermann ?

J'aime beaucoup le proverbe africain qui dit : « Tout seul on va plus vite, ensemble on va plus loin ».

La défense d'un accusé en équipe permet d'avoir une vision plus juste du dossier et un échange, ce qui est toujours fructueux.

Maître Weiermann et moi-même étions de la même promotion à l'école d'avocats et nous avons toujours gardé contact. Maître Weiermann est rompue à l'exercice de la cour d'assises et je connais ses qualités.

Surtout, elle n'avait pas d'enfant, ce qui permettait d'avoir un regard toujours objectif sur la défense de l'accusée.

Vous êtes intervenue au côté de Jean-Marc Florand dans l'affaire Daval. Durant l'instruction, quel souvenir gardez-vous de cette affaire ?

Plus qu'un souvenir, c'est de l'intensité de la reconstitution dont je me souviens.

Pendant plusieurs heures, nous avons vécu des émotions intenses. Les parties civiles attendaient des aveux.

Jusqu'à quelques minutes avant la clôture de cette reconstitution, Jonathann n'avait pas avoué avoir brûlé le corps d'Alexia.

Lorsqu'il l'a enfin reconnu, je me souviens de la mère d'Alexia, en pleurs dans mes bras, pendant plusieurs minutes, à la fois choquée d'un tel acte et finalement soulagée d'avoir entendu une part de vérité.

Ce moment était particulièrement intense.

Pourquoi acceptez-vous d'intervenir dans des affaires difficiles avec des accusés qui ont pu commettre le pire, comme dans votre affaire avec maître Weiermann ?

Devenir avocat a toujours été une vocation. Depuis le collège, cela a toujours été le métier que j'ai souhaité exercer.

Alors que j'ai obtenu un DESS en droit fiscal, je me suis vite rendu compte que je n'avais pas souhaité être avocat pour faire des montages de sociétés !

J'ai toujours voulu être avocat pour défendre des êtres humains, comprendre les mécanismes psychologiques et psychiques qui poussent l'individu à commettre l'irréparable. C'est la nature humaine qui m'intéresse, parce qu'elle est intrigante et mouvante.

Je ne défends pas le “pire”, je défends un Homme.

Quel est votre regard sur l'exercice de la profession d'avocat pénaliste aujourd'hui ?

Être avocat pénaliste, ce n'est pas faire des “effets de manche”. C'est travailler sérieusement et rigoureusement ses dossiers. C'est solliciter des actes quand on estime devoir le faire. Il faut être crédible devant les magistrats.

Être avocat pénaliste, c'est aussi réussir à créer un lien de confiance avec son client, ce qui n'est pas toujours simple. De la confiance naît le respect et du respect naît la confidence .

L'avocat se bat pour son client, qu'il soit victime ou qu'il soit auteur. Il se réjouit pour lui ou au contraire a de la peine pour lui.

Être avocat pénaliste, c'est être le dernier rempart contre l'injustice lorsqu'on est avocat de l'accusé et c'est mettre des mots sur les maux quand on est avocat de la partie civile.

POSTFACE DE

MAÎTRE JEAN-MARC FLORAND

Pour être, comme maître Randall Schwerdorffer, un avocat pénaliste « hors normes », réputé et expérimenté, il faut avoir les épaules très larges et être doté de nombreuses qualités humaines.

Il faut être un esprit libre, faire preuve de curiosité et ne pas avoir d'a priori, réducteurs de la pensée.

Il faut aimer les gens si l'on veut pouvoir les comprendre et les défendre.

Surtout, il faut être très solide, physiquement et moralement, car le métier d'avocat pénaliste, notamment en matière criminelle est dur, très dur à exercer du fait des atrocités qui sont le lot habituel des cours d'assises, partout en France et qui font partie du quotidien de l'avocat.

Il faut supporter, notamment, la lecture détaillée des rapports d'autopsie du médecin légiste, les pleurs, les sanglots des parents des victimes ou de ceux de l'accusé, parfois, les propos très violents échangés durant les longs jours d'audience et tenter, le soir venu, de ne pas les emporter avec soi, afin de ne pas faire de cauchemars !

Il faut supporter toutes les pressions physiques et morales, en un mot, il faut être zen et avoir une vie personnelle bien équilibrée, si on ne veut pas sombrer dans les paradis artificiels, chers à Baudelaire, ou dans la folie !

Que l'on se rassure, maître Randall Schwerdorffer est bien un avocat « hors normes », puisqu'il a gardé malgré tout, après tant de cours d'assises, sa bonhomie naturelle, son sens de l'humour et sa sagesse légendaire.

Jean-Marc Florand
Docteur d'État en Droit
Avocat à la cour d'appel de Paris

Imprimé en France par
CPI Bussière
en novembre 2023
N° d'impression : 2075015
Dépôt légal : octobre 2023
N° d'édition : 02